# Inhalt

# 1

## „Es macht die Wüste schön, dass sie irgendwo einen Brunnen birgt“

### Einführung

Durch die ersten Jahre meiner Studienzeit begleiteten mich zwei Spruchkarten. „Die Quelle lebt von ihrer Güte“, stand auf der einen und „Es macht die Wüste schön, dass sie irgendwo einen Brunnen birgt“ auf der anderen. Natürlich ist das alles schon sehr lange her, und so kann ich heute beim besten Willen nicht mehr sagen, ob es auf der ersten Karte einfach nur hieß (chinesisches) Sprichwort oder ob die „Quelle“ des Spruchs genannt war. Damals hätten mir Namen wie „Tao-te-king“ oder „Lao-tse“ auch nicht allzu viel gesagt. Nur der Satz selbst, in seiner ganzen Schlichtheit, schien mir einfach richtig zu sein. Illustriert wurde er durch einige zarte hellblaue Pastellstriche auf weißem Hintergrund, die Wellen und eine (aus einer Bergwand) hervorspringende Quelle andeuten sollten. Jahrelang dekorierte die Karte meine Zimmerwand und ist wohl bei irgendeinem meiner vielen Umzüge auf der Strecke geblieben. Der Spruch, wie man sieht, hat mich trotzdem nicht verlassen. Schlichte Wahrheiten, könnte man vermuten, prägen sich einfach besser ein, vor allem, wenn sie zeitlos gültig sind.

Mit dem Autor des zweiten Spruches hatte ich es einfacher: Antoine de Saint-Exupéry. Spätestens seit meinen ersten eigenen Wüstenerfahrungen glaubte ich zu wissen, wovon er sprach. Die beiden Sätze, deren Formulierung zeitlich mehr als 2500 Jahre auseinander liegt, haben mich auch diesmal beim Schreiben begleitet, ja im Grunde sind sie mir beim Nachdenken über das Thema Wasser erst wieder neu eingefallen. Womit ich auf Quellen zurückgreife, die mein eigenes Leben in der einen oder anderen Weise beeinflusst haben. Ihnen sollen deshalb die ersten – und letzten – Seiten dieses Buches gewidmet sein.

Inzwischen weiß ich, dass mein erster Spruch so etwas wie die Quintessenz der Ode 8 aus Lao-tses Gedichtesammlung „Tao-te-king" wiedergab. Dort heißt es um einiges differenzierter, aber dennoch dem Sinngehalt nach etwa gleich:

> Höchste Güte gleicht dem Wasser.
> Des Wassers Güte ist,
> Den zehntausend Wesen anspruchslos zu helfen.

Wenige Worte, mit denen aber eine ganze Welt eröffnet, ein beinahe unerreichbarer Anspruch gesetzt wird. Wer kann schon von seiner Güte leben wie von einer Quelle, sich rest- und rückhaltlos verströmen und dabei nicht nur reich an Nährstoffen, sondern auch noch alle Zeit von gleicher Qualität bleiben? Das ist eine Lebensaufgabe, eine Art und Weise, in der Welt zu sein und sich zu ihr zu verhalten, als sei man selbst die Quelle aller Güte, an der alle Wesen sich erfrischen könnten, ohne dass man dabei an Frische verlöre. Wahrhaft göttlich, so ein Verhalten! Aber menschlich?! Als junge Frau war ich fasziniert von diesem Spruch und fand, es könne nichts schaden, ihn eine Zeit lang jeden Tag „im Vorbeigehen" auf mich wirken zu lassen. Ohne sagen zu können, warum, war ich wohl der Ansicht, er werde seine Wirkung schon von selbst entfalten, wenn ich ihn nur lange genug hängen ließ und jeden Tag ansehen konnte.

Ebenso erging es mir mit dem Satz vom Brunnen, der auch die wüsteste Wüste zur Oase machen kann: „Es macht die Wüste schön, dass sie irgendwo einen Brunnen birgt." In diesen Satz lief ich geradezu hinein, kurz nachdem ich meine eigenen ersten Erfahrungen mit Wasser und Wüste gemacht hatte. Und hier war einer, der diese Erfahrungen auf den Punkt brachte. Gültigeres kann man über das Zusammenspiel von Brunnen und Wüste wohl kaum aussagen. Wüste ohne Wasser, das wäre ganz schön öde und ein Spiel mit dem Tod. Wasser andererseits wird nirgends so kostbar – und köstlich – wie in der Wüste. Dazwischen aber liegt das „irgendwo", und das macht einerseits die Wüste schön, wie es andererseits auch den Brunnen (ver-)birgt. Die Wüste wäre nicht Wüste, wenn sie uns auf breiten Straßen, möglichst noch mit Hinweisschildern versehen, den Weg zu ihren Quellen wiese. In dem schlichten Wörtchen „irgendwo" liegt das Ungefähre, Unsichere, Unabwägbare, das jede Wanderung durch eine Wüste zu einem Abenteuer mit ungewissem Ausgang werden lässt. Wer in die Wüste geht, vertraut auf die Quelle und setzt sich dennoch einer Erfahrung aus, die so oder so enden kann: Die Quelle kann verschüttet sein, das Wasser brackig und ungenießbar, man kann den Weg verfehlen und einer Fata Morgana oder einfach seinem schlechten Orientierungssinn aufsitzen, man kann auf Menschen oder Tiere treffen, die einem den Zugang zum Wasser verwehren ... Die Quelle ist „irgendwo" – immer kommt es dabei auch auf die Art unserer Suche an, und ob es uns gelingen wird, das, was wir suchen, zu finden, bevor der Durst – oder das Gefühl, auf dem Trockenen zu sitzen – uns mutlos macht. Wüste und Brunnen: Immer besteht die Möglichkeit, das Ziel zu verfehlen. Noch mehr aber besteht die Möglichkeit, durch das Unerwartete bereichert und verwandelt zu werden.

Meine ersten Erfahrungen mit Wasser in der Wüste durfte ich bereits ein Jahr nach dem Abitur sammeln, was ich noch heute als ein großes Geschenk ansehe. Während einer Israel-Exkursion, die zu meinem Studium gehörte, machte ich zunächst Bekanntschaft mit den beiden Wüsten „Juda" und „Negev". Und von da an ließ mich die Wüste ein knappes Jahrzehnt lang nicht mehr los. Ich entwickelte eine richtiggehende Leidenschaft für sämtliche der drei Wüsten Israels, allen voran natürlich für den Sinai, der damals noch zu Israel (und nicht, wie heute, zu Ägypten) gehörte. Diese Halbinsel, die im Norden von so ganz anderem Charakter ist als im Süden, habe ich in alle nur denkbaren Richtungen durchstreift und mich von ihr austesten lassen. Denn das hat eine solch imponierende Landschaft an sich: Man wird die ganze Zeit über den Eindruck nicht los, dass sie auch ihrerseits das Beste aus einem herausholen will. Wobei der Südsinai vielleicht die einzige Wüste auf der Welt ist, welche die Form einer Halbinsel annimmt und somit an ihren beiden Längsseiten vom Meer umflossen ist. Wüste und Meer prallen hier in direktem Kontakt aufeinander, so dass man an den Küsten des Sinai zugleich einen Badeurlaub verbringen kann und dennoch den Bedingungen der Wüste ausgesetzt bleibt, die da heißen: ohne Quelle kein Leben. So erquickend das Salzwasser beim Schwimmen und Tauchen auch sein kann, trinken kann man es eben doch nicht. Dazu muss man sich ins Landesinnere wagen und, so man weder über einen Jeep noch über ein Kamel verfügt, einen mehrstündigen Fußmarsch in Kauf nehmen, um einen Brunnen zu erreichen, der für Erfrischung von innen sorgt. Das Meer für die äußere Belebung, die Trinkwasserquelle für die innere.

Das Wasser, mit dem man den Durst löscht, sollte man keinesfalls für ein Bad verschwenden. Es ist da, um die Beduinenfamilien mit ihren großen Herden ebenso zu ernähren wie Vögel, Hornissen, Echsen, Schlangen und andere wild lebende Tiere. Es dient zur Bewässerung bescheidener Felder und (im besten Fall) kleiner Gärten oder Anlagen von Dattelpalm- und Obstbaumgruppen. Würde man zuviel davon abpumpen, etwa für Duschen und Swimming-Pools einer Hotelanlage, wäre ein Absinken des Grundwasserpegels die Folge, und die ursprünglichen Bewohner der Wüste gingen leer aus. (So gesehen ist es sicher kein Fehler, wenn der Sinai heute wieder zu Ägypten gehört).

Achtsamkeit ist also das Gebot der Wüste, wenn es um den Umgang mit Wasser geht. Natürlich könnte man Teile der

Wüste immer auch mit Jeep oder Reisebus „erobern" – oder sich einen Beduinen mit einem Kamel chartern, der vielleicht noch dankbar für den Zuverdienst wäre. Man wäre dann weniger ausgeliefert als bei einem Fußmarsch, bei dem man zudem noch schweres Gepäck mitschleppen muss. Denn sieben Liter Wasser pro Person und Tag sollte man in diesem rauhen Gelände zu sich nehmen, wenn man nicht austrocknen will. Und die muss man sich erst einmal zusätzlich auf den Rücken packen, solange man nicht sicher ist, eine Quelle zu finden, die den Trinkwasserbedarf deckt. Die Begegnung mit der Wüste, so seltsam es zunächst klingen mag, ist also immer und sogar in vorderster Linie eine Begegnung mit Wasser. Wasser ist der zentrale Gedanke, um den hier das ganze Leben fortwährend kreist. Wüste – das schließt in gewisser Weise so etwas wie Quelle oder Brunnen schon ein. Die meisten Orte in den Wüsten Israels lassen allein schon an ihrem Namen erkennen, dass sie sich einer Quelle – „Ein" – oder einem Brunnen – „Be'er" oder „Bir" – verdanken: Ein Pharan, Ein Gedi, Ein Qudis, Ein Avdat, Beer Scheva, Bir Zeit ..., um nur einige zu nennen. Oder sie werden nach einem „Wadi", einem Flusslauf benannt, der außerhalb der Regenzeit meist knochentrocken ist und einen idealen Wanderweg abgibt, in dem man sich nicht verlaufen kann.

Wer sich der Erfahrung „Wüste" aussetzt, bekommt es also immer gleichzeitig auch mit Wasser zu tun, sei es, dass er sein Fehlen schmerzlich bemerkt, sei es, dass er zielstrebig auf einen Ort zusteuert, wo er Wasser vermutet und im glücklichen Fall auch findet. Wüstenwanderungen sind Wege von Quelle zu Quelle. Will man beide Qualitäten – Wasser und Wüste – voll ausschöpfen, sprich am eigenen Leibe erfahren, dann ist ein Fußmarsch noch immer das geeignetste Mittel dazu.

Was aber war es eigentlich, was mich in jenen Jahren die Wüste mit dieser geradezu leidenschaftlichen Besessenheit aufsuchen ließ? Sicher hatte es mit der Erfahrung äußerster Kontraste zu tun, das nahe Beieinander von Leben und Tod, das

Ausgeliefertsein an Umstände, die von uns zwar vorhergesehen und dennoch kaum beeinflusst werden konnten. Natürlich kann man mit Hilfe von Landkarte und Kompass seine Reiseroute bestimmen und fürs erste soviel Wasser und Lebensmittel mitnehmen, wie man tragen kann. Der Rest jedoch trägt alle Züge von Gnade. Jede, vor allem die mehrtägigen dieser Wüstentouren (die wir immer nur zu zweit unternahmen), hätte für sich genommen auch tödlich ausgehen können. Wir setzten unser Leben aufs Spiel und stellten gleichzeitig unser Vertrauen in die Kräfte des Lebens auf die Probe. Im Vertrauen, zur rechten Zeit die richtige Quelle zu finden, zogen wir los. Man hätte es Leichtsinn nennen können, und einmal hing unser Leben tatsächlich an einem seidenen Faden oder einem glitzernden Rinnsal am Boden, aber genau das war es, was seine Faszination auf uns ausübte. Wir, die wir gewohnt sind, dass Wasser hervorsprudelt, wenn wir nur einen Hahn aufdrehen, wissen diesen unseren Reichtum oft kaum mehr als solchen zu schätzen. Was immer und selbstverständlich gegeben ist, scheint nur von geringem Wert zu sein. Und so gehen wir mit unseren Wasserressourcen ja in der Tat – weltweit – um. Diejenigen, die genug davon haben, verbrauchen und verschmutzen dabei (etwa durch ins Ausland verlegte Fabriken, in denen man billiger produzieren kann, weil keine Umweltschutzauflagen beachtet werden müssen) noch zusätzlich das Wasser derer, die um jeden genießbaren Tropfen kämpfen müssen, und schämen sich nicht einmal dafür.

Wie würden wir uns verhalten, wenn wir täglich stundenlang laufen müssten, um unseren Tagesbedarf an Trinkwasser decken zu können? – Die Wüste schenkt uns in dieser Hinsicht elementare Erfahrungen. Plötzlich finden wir uns auf die Grundgegebenheiten unserer Existenz zurückgeworfen. Reduziert auf einen letzten Kern: Wer sind wir, wenn uns die bekannten Geländer, von denen wir sonst umgeben sind, nicht mehr stützen? Was brauchen wir – wenn es hart auf hart geht – wirklich, um am Leben bleiben zu können, und worauf können wir dann ohne weiteres verzichten? Wir konzentrieren uns auf das, was wirklich wichtig ist: Finden wir die Quelle, die uns am Leben halten wird, oder nicht?

Das eine Mal, wo es beinahe schief gegangen wäre, wir den Tod durch Verdursten schon greifbar vor Augen hatten, vermittelte uns so etwas wie eine Urerfahrung mit dem Thema Wasser: „Ein Qudis", das alte Kadesch Barnea im Nordsinai, hatte es uns angetan, die Gegend, wo nach der Überlieferung ein Teil des biblischen Israel bei seinem Auszug aus Ägypten Station gemacht haben soll. Dorthin war bis dahin noch niemand gewandert, den wir kannten. Ein zusätzlicher Anreiz, es zu versuchen. Nun ist der nördliche Teil des Sinai, ganz im Unterschied zu seinem südlichen, eine fürchterlich triste Angelegenheit. Während die Hochgebirgslandschaft des Südsinai von fruchtbaren Wadis und zahllosen Quellen durchsetzt ist, weisen die Landkarten für den Norden so gut wie gar keine Wasserstellen aus. Für unsere ungeübten Augen sieht zudem in dieser flachen Schutt- und Geröllwüste ein Hügel wie der andere aus. Charakteristische Felsformationen und Schatten spendende Bäume sind so gut wie gar nicht vorhanden. In dieser kargen Landschaft, die Auge und Ohr nicht den mindesten Anreiz bot, konnten wir anderthalb Tage lang marschieren, ohne auch nur einer einzigen Menschenseele zu begegnen, die wir etwa nach dem Weg oder nach einer Hand voll Wasser hätten fragen können. Der Chamsin, dieser heiße Wind aus der arabischen Wüste, der in den Städten für hitze- und arbeitsfrei sorgt, wurde unser unerwarteter Reisebegleiter und sorgte dafür, dass unsere Wasserkanister und Feldflaschen am späten Nachmittag des zweiten Tages so gut wie leer waren. Unsere Kehlen waren so heiser, dass wir uns nur mehr krächzend verständigen konnten. Von der Quelle, die wir erreichen wollten, weit und breit keine Spur. Da es keinerlei Wegweiser gab, konnten wir nur hoffen, unser Kartenmaterial richtig gedeutet zu haben. So war der Stand der Dinge, als wir unser Nachtquartier aufschlugen. Es war mein 25. Geburtstag, und der Gedanke, dass wir es diesmal nicht schaffen würden, rückte uns bedrohlich nahe. Ein Handy gab es damals noch nicht, und selbst wenn, hätten wir sowieso nicht schildern können, wo wir waren. Mein Freund hielt es nicht länger aus. Obwohl es an Irrsinn grenzte, in der pechschwarzen Neumondnacht eine Quelle entdecken zu wollen, die wir schon im Hellen nicht finden konnten, machte er sich auf. Nur für höchstens 20 Minuten, wie er sagte. Als er nach zweieinhalb Stunden immer noch nicht zurück war, fing ich an, mir auszumalen, was wäre, wenn ... und beschloss deshalb, selbst in die Dunkelheit hinauszugehen. Glücklicherweise stießen wir auf diese Weise beinahe zusammen. Und er hatte tatsächlich Wasser mitgebracht! In seiner Qual musste er so etwas wie die feinen Nüstern des Kamels entwickelt und Witterung aufgenommen haben. Denn diese Quelle lag eine gute Stunde Fußmarsch von unserem Lagerplatz entfernt und war keineswegs in gerader Linie zu erreichen! Ich wollte trotzdem nicht trinken, und am nächsten Morgen war ich froh darüber. Im Wasser schwammen lauter kleine Tierchen. Wir dachten beide, das sei ein schlechtes Zeichen, doch glücklicherweise lagen wir mit dieser Vermutung falsch, wie sich später herausstellte.

Natürlich brannten wir darauf, uns die Quellgegend bei Tageslicht anzusehen. Im Dunkeln war nicht viel zu erkennen gewesen, vor allem weder Zelte noch Tiere. Wie aber staunten wir, als wir nach der letzten Wadi-Biegung ins Offene traten: Im Tal wimmelte es nur so von Ziegen, Schafen und Eseln. Von den Beduinen, die sie zur Tränke geführt hatten, kamen sofort zwei mit lebhaften Gesten auf uns zu, schulterten unser Gepäck und bereiteten uns ein Lager unter einem der wenigen Schatten spendenden Felsvorsprünge, die in der Senke zu finden waren. Sie versorgten uns mit Wasser, buken uns frisches Fladenbrot und konnten sich nicht genug darüber wundern, dass zwei solche Fremdlinge den Weg zu ihnen gefunden hatten. Die Talsohle war mit einem Hauch von Grün überzogen. Ganz am anderen Ende stand eine einsame Akazie. Ganz und gar nicht das, was man sich landläufig unter einer Oase vorstellt. Für uns war es trotzdem das reinste Paradies. Da draußen kletterten die Temperaturen auf 50, 60° C, aber wir waren gerettet! Der siebte Himmel war noch zu niedrig gegriffen für das, was wir empfanden.

Als die Sonne sank, waren wir wieder allein. Damit möglichst viele Familien die Quelle nutzen können, darf niemand direkt dort wohnen. Denn Wasser ist niemandes Eigentum. So haben alle ihre Zelte ein bis zwei Tagesmärsche entfernt aufgeschlagen und kehren mit ihren Herden im Drei-Tagesrhythmus zurück. Zum Abschied buken unsere Gastgeber uns noch eine Extra-Portion Brote, damit wir auch ja nicht hungern müssten. Und als die Nacht sich herab senkte, war es wieder totenstill um uns herum.

Wasser und Brot: Nektar und Ambrosia hätten uns nicht besser munden können. Ein Festmahl, was anderen eher als Gefängniskost erscheinen mag. Das Leben, auf seine allereinfachsten Bedingungen zurückgeführt. Für uns waren es Speise und Trank des Lebens in einem. Auferstehung, die tiefe Freude, noch am Leben zu sein.

Und es stimmte, was Exupéry im „Kleinen Prinzen" schreibt, nachdem er „seinen" Brunnen gefunden hatte: „Dieses Wasser war etwas ganz anderes als ein Trunk. Es war entsprungen aus dem Marsch unter den Sternen, aus dem Gesang der Rolle, aus der Mühe meiner Arme. Es war gut fürs Herz, wie ein Geschenk." So in etwa haben wir es auch empfunden. Dieses Wasser von „Ein Qudis", das uns vor dem Verdursten rettete, war unserer eigenen Anstrengung entsprungen. Es enthielt in sich die Hoffnung und Verzweiflung von ca. 50 Kilometern Fußmarsch unter sengender Sonne und dörrend heißen Winden, die Schlange am Weg und den Skorpion am Kopfende des Schlafsacks, die mutige Suche in stockfinsterer Nacht und die vorurteilsfreie Hilfsbereitschaft von Menschen, die uns nie zuvor gesehen hatten und uns bei sich aufnahmen, als wären wir nahe Verwandte. Ein solcher Trunk bleibt im Herzen lebendig. Und zehren kann man von ihm ein Leben lang.

Was Exupéry nicht erwähnt, was aber ebenso wichtig ist wie der Trunk aus der Quelle, ist der Mensch, der ihn darreicht. Wo in der Wüste Wasser vorkommt, da sammeln sich auch Menschen. Und weil Wasser hier unendlich kostbar ist, geben sie anderen, selbst wildfremden Menschen, von dem ab, was für sie das Wertvollste auf der Welt ist. Anstatt das, was knapp ist, festzuhalten, sind sie sogar besonders freigiebig damit. Auch die, die am Rande der Wüste wohnen und einen eigenen Brunnen im Hof besitzen. Einem fremden Menschen seinen Brunnen zu öffnen, ist fast so etwas, wie ihm sein Herz zu öffnen. Vorurteilsfrei und voller Mitgefühl. Wasser ist hier nicht mehr nur Wasser. Es ist eine Lebensphilosophie. Die Quelle lebt von ihrer Güte. Menschen sind stolz darauf, dies kostbare Gut, das sie selbst als Geschenk empfinden, weiter verschenken zu können. Es stimmt, Wasser ist ohne Zweifel gut fürs Herz.

Das Motiv von der Suche nach den Wassern des Lebens, wie es in den Mythen und Märchen der ganzen Welt zu finden ist, hat sicherlich in derartigen Erfahrungen seinen Ursprung. Auch das schließlich gefundene Lebenselixier ist oft das Produkt einer langen Suche, angereichert mit den Erfahrungen der Reise, entsprungen dem Wunsch nach Erkenntnissen, die ein ganzes Leben verwandeln können. Dieses Wasser gibt nicht nur Leben, sondern enthält auch Leben. Es ist gut fürs Herz, weil es unser Herz öffnet.

# 2

# Auf der Suche nach den Wassern des Lebens

## „Ihr Herz verlangte nach der tiefen Quelle“: Vom Durst nach Erneuerung

Die älteste Geschichte über die Suche nach dem Lebenswasser, die uns schriftlich überliefert wurde, stammt wohl nicht zufällig aus einem Wüstengebiet. Sie spielt im südlichen Mesopotamien, ungefähr da, wo wir heutzutage den Iran ansiedeln, und sie spielt in einem Land, das damals von Wüste und Steppe geprägt war. Eine Gegend mit heißem, trockenem Klima, mit kargem Boden und wenig Baumbestand, kaum dazu ausersehen, eine reiche Zivilisation hervorzubringen. Doch die Sumerer schafften es zu guter Letzt, dieses Land durch ausgeklügelte Bewässerungssyteme in einen blühenden Garten Eden zu verwandeln. Nicht zufällig vielleicht erzählte man sich ausgerechnet hier prototypisch die Geschichte der großen Göttin Inanna, die sich eines Tages und wie aus heiterem Himmel aufmachte, um zu erkunden, was ihrem Leben einen tieferen Halt und Sinn geben könnte. Ihr Herz, so heißt es programmatisch zu Beginn der Geschichte, verlangte aus der höchsten Höhe nach der Erde tiefstem Grunde. Eine Kontrasterfahrung auch hier. Eigentlich geht es dieser Inanna glänzend. Sie, die Strahlende, zieht am Himmel dahin, weit entfernt von den Geschicken der Menschen, deren Wege sie in ihrer Gestalt als Morgen- und Abendstern erleuchtet und in deren Augen sie sowohl für die Liebe als auch für den Kampf zuständig ist. Ein achtzackiger Stern oder eine achtblättrige Rose sind ihr Symbol. In der Welt, in den Tempeln der Menschen genießt sie ebenso große Verehrung wie unter ihresgleichen, den „Himmlischen“, die sie ebenfalls als ihre Königin wertschätzen. Ein, im übertragenen Sinn, reiches Leben also mit einem hohen Status. Und plötzlich sticht sie der Hafer, all das aufzugeben, um sich einer neuen Erfahrung auszusetzen: dem Gang in die Tiefe, der sich bei genauerem Hinsehen als ein Untergang erweisen wird, aus dem ihr nur die Wasser des Lebens wieder heraufhelfen können. „Inannas Abstieg in die Unterwelt“, der bis heute älteste Quellentext der Welt, zwischen vier- und sechstausend Jahre alt! Er ist zugleich ein Beispiel dafür, dass die großen weltbewegenden Themen kultur- und epochenübergreifend sind.

Inanna, die als Heilige Himmelskönigin und -priesterin die Welt nur von oben aus kennt, in des Himmels höchsten Höhen schwebt und schwelgt, ist mit Geist, Macht, Mut, Weisheit, Schönheit und Liebesgunst gesegnet. Ihr Haupt ziert die Königs-Krone, sie trägt Schmuck und Herrschaftsinsignien aus Gold und Lapislazuli und hüllt sich in prächtige Gewänder. Sie genießt die Liebe ihres Gemahls, mit dem sie berauschende und beflügelnde sexuelle Ekstasen durchlebt. Sie hat den Gott der Weisheit zu ihrem Verbündeten gewonnen, und er hat ihr, der jungen und dynamischen Frau, all seine Kraft und all sein Wissen übermittelt. Sie ist Mutter zweier erwachsener Söhne. Sie regiert ihr Reich mit Wohlwollen und Gerechtigkeit und erfreut sich großer Beliebtheit im Himmel wie auf Erden. Die Sternsymbolik weist darauf hin, dass sie die Erste der Himmlischen ist, auch in spiritueller Hinsicht (worauf im Übrigen auch ihr Beiname „die Heilige Himmelspriesterin“ verweist). Sie geht Sonne und Mond vorauf, erleuchtet allem und jedem den Weg, eine strahlende Erscheinung, die Liebe ebenso erweckt wie empfängt. Nichts, so scheint es, kann sie in ihrem Glück erschüttern.

Was treibt eine solche Persönlichkeit, die dem Anschein nach alles hat, was das Herz nur begehren kann, alle Sicherheit aufzugeben und sich völlig unnötig – wie uns die „Stimme der

Vernunft" in solchen Fällen immer einzureden versucht – in Gefahr zu begeben? Sie weiß doch, dass aus dem Land, das zu erforschen sie sich anschickt, noch nie ein Wesen zurückgekehrt ist, weder Gott noch Mensch noch Tier. Das „Land ohne Wiederkehr" schreckt schon durch seinen bloßen Namen ab. Von ihrer Familie war noch niemand dort. Und überhaupt ist das alles für sie durch und durch „Neuland". Sie kann sich mit niemandem beraten, denn es war ja noch nie jemand dort. Und wer dort war, ist nicht zurückgekehrt. Keine guten Aussichten also; jeder, den sie fragen würde, würde ihr abraten. Doch Wissen und Erfahren sind zweierlei. Das Gefühl kennt Wege, die dem Verstand verschlossen sind. Sie, die alles hat, die hoch über den Dingen schwebt, spürt, dass es Erfahrungen geben könnte, die ihr fehlen. Und so folgt sie einem inneren Ruf. Sie stellt ihre Ohren auf „wie ein Esel", heißt es im Urtext, und lauscht ergriffen auf die Stimmen, die aus der (eigenen) Tiefe zu ihr dringen. Eines Tages folgt sie ihrem tiefsten Herzenswunsch, und niemand kann sie aufhalten. Sie verlässt alle Orte, an denen sie verehrt wird, alle Orte, an denen sie bisher sicher und zu Hause war, alle Orte, an denen sie sich geliebt fühlte und denen sie ihr(e) Strahlen schenkte.

Sie hat keine Eile. Schrittweise zieht sie sich aus allem zurück, was bisher ihr Leben wertvoll und schön machte. Von allen ihr nahestehenden Wesen nimmt sie allein ihre beste Freundin mit. Sie, die ihr immer zuverlässig und treu zur Seite gestanden hat wie ein zweites Ich, sie soll sie nun wenigstens noch ein Stück weit begleiten, ehe auch sie umkehren und Inanna ihrem – selbstgewählten – Schicksal überlassen wird. Die Himmelskönigin hat sich vorgenommen, den äußersten Gegensatz ihrer bisherigen Erfahrungswelt kennen zu lernen: Von der höchsten Höhe des Himmels will sie hinabsteigen in die tiefsten Tiefen der Erde, dorthin, wo niemals Licht zu sein scheint, will sie ihr Licht tragen. Ein Abenteuer mit ungewissem Ausgang, denn sie weiß nicht, ob ihr Licht in der Finsternis der abgrundtiefen Unterwelt überhaupt erwünscht ist. Ob das, was da unten lebt, überhaupt ans Licht kommen will. Ob sie das, was sie dort sehen wird, überhaupt aushalten kann. Vorerst kann sie nur ihre ganze imponierende Erscheinung in die Waagschale werfen. Und den Mut, mit dem sie all ihre Vorhaben bisher durchgeführt hat.

Dort unten wird die junge und strahlende Frau einer hässlichen alten Vettel namens Ereschkigal („Herrin des großen Unten") begegnen, von der man sich nichts Sympathisches zu erzählen weiß. Die Frau, die gerne lacht, muss sich auf eine klagende und murrende alte Fuchtel gefasst machen, die sich kein bisschen freuen wird, einen so ungebetenen Besuch zu bekommen. Wer stirbt, landet noch früh genug bei ihr. Aber dass jemand, der noch lebt und in der Blüte seiner Jahre steht, Bekanntschaft mit ihr machen will – das hatte die Welt bis dahin noch nicht gesehen. Und es kommt zunächst, wie es kommen muss. An den sieben Toren der Unterwelt muss die junge Frau nach und nach all die Statussymbole ablegen, mit denen sie sich bisher in der äußeren Welt identifiziert hatte: Krone, Schmuck und königliche Robe, Messrute und Richtschnur, die Insignien ihres Richteramtes. Am Ende bleibt ihr nichts mehr als die nackte Haut auf dem Leib. So tritt sie schließlich mit leeren Händen und tief gebeugt vor Ereschkigal, die kurzen Prozess mit ihr macht, sie tötet und den Leichnam an einem Haken in der Wand aufhängt.

Nur gut, dass Inanna vorher ihrer besten Freundin aufgetragen hatte, Hilfe zu mobilisieren für den Fall, dass sie nach drei Tagen nicht zu ihr zurückgekehrt ist. Enki, Gott der Weisheit und Inannas „Großvater" mütterlicherseits, weiß Rat. Aus dem Schmutz unter seinen Fingernägeln formt er zwei winzige Figürchen, kleiner noch als Fliegen, die unbemerkt an den Wächtern der Unterwelt vorbeikommen können. Er beauftragt sie, seiner Enkelin die Speise und das Wasser des Lebens zu bringen. Zusätzlich legt er ihnen ans Herz, der stöhnenden und wie in Geburtswehen schreienden Ereschkigal ihr Mitgefühl auszudrücken. Wann immer sie eine Klage ausstößt, sollen sie mit ihr klagen und jammern. Er ist sicher, dass Ereschkigal sich dadurch erweichen lässt.

Alles kommt genau, wie der weise Enki vorhergesehen hat: Mitten in ihrer Klagelitanei hält Ereschkigal plötzlich inne und nimmt zum ersten Mal wieder etwas um sich herum wahr. Sie fragt:

> Wer seid ihr,
> Die ihr mit mir stöhnt, ächzt und seufzt?
> Wenn ihr Gottheiten seid, will ich euch segnen.
> Wenn ihr Sterbliche seid, will ich euch ein Geschenk geben.
> Ich will euch die Wasser-Gabe schenken, den Fluss in seiner Fülle.
> Ich will euch die Getreide-Gabe schenken, die Felder in Reife.

Die beiden winzigen Wesen aber wünschen sich verabredungsgemäß nur Inannas Leichnam. Sofort besprengen sie ihn mit dem Wasser des Lebens und reichen ihr die Speise des Lebens. Inanna darf das „Land ohne Wiederkehr“ verlassen.

Natürlich ist Inanna eine Göttin, und bei Gottheiten dürfen wir in der Regel vermuten, dass ihre Geschichten schon gut ausgehen werden. Andererseits spiegeln die religiösen Ideen der Menschheit immer zugleich auch das Leben unserer Seele wider, für die der Entwurf solcher Geschichten ein ernsthaftes Bedürfnis zu sein scheint. Und so enthält jeder Mythos, jedes Märchen, jede religiöse Überlieferung mehr als nur ein Fünkchen Wahrheit über uns, unsere Wünsche und unsere Befindlichkeit in der Welt.

Die Wasser des Lebens, das, was uns zutiefst lebendig macht, uns mit Lust und Liebe zum Leben erfüllt, das alles entdecken wir nur, wenn wir – immer wieder – den Mut haben, uns an das Unbekannte auszuliefern, dorthin zu gehen, wo uns etwas magisch anzieht, und sei es unser Untergang. Wo wir mit allen

Sinnen und unserem ganzen Sein gefordert sind, da entdecken wir plötzlich, welche Fähigkeiten in uns schlummern und vielleicht bisher brach gelegen haben: Wir werden neu lebendig. Nicht, dass der Weg in dieses Unbekannte, Lockende immer ein Spaziergang wäre, auch das können wir aus dieser Geschichte lernen. Inanna liefert sich an die Schrecken der Tiefe und Dürre aus und gewinnt dadurch die Wasser des Lebens. Sie hält inne und wird still. Für uns eine ungewöhnliche Perspektive, wie ich immer wieder feststellen konnte. Oft habe ich in Kursen oder Vorträgen über den Inanna-Mythos die Probe aufs Exempel gemacht: die Geschichte bis zum Tiefpunkt erzählt und dann inne gehalten, um zu erfragen, wie die Zuhörer und Zuhörerinnen sich den Ausgang des Dramas vorstellten. Es waren ausnahmslos gewalttätige Lösungen, die spontan angeboten wurden (und das bei Gruppen mit durchweg christlichem Hintergrund!). Am häufigsten kam der Vorschlag, Ereschkigal zu erschlagen oder zu fesseln, um sie unschädlich zu machen. Uns ist so lange beigebracht worden, dass die Schrecken des Lebens, die wir oft im Symbol des Drachen dargestellt finden, bekämpft und (gewaltsam) erledigt – wenigstens aber „unten“ gehalten – werden müssen, so dass uns im Ernstfall oft nichts Besseres mehr einfällt, als uns in Aktivitäten zu verstricken, die nicht umsonst bisweilen „heillos“ genannt werden.

„Abwarten und Teetrinken“ gilt da nichts, wenn es um den Umgang mit dem angeblich Bösen, Bedrohlichen, Dämonischen geht. Der heilige Georg macht es uns auf zahllosen Brunnen vor: Erstochen werden muss die Bestie! Es müsste uns doch zu denken geben, dass wir so eine hauende und stechende Gestalt beinahe auf jedem unserer Dorf- und Stadtbrunnen finden. Fast sieht es so aus, als wollten wir alles, was da aus der Tiefe des Wassers zu uns aufsteigen möchte, gar nicht erst kennen lernen, lieber ihm gleich den Garaus machen. Dabei lehren doch auch unsere Märchen, dass sein Leben nur gewinnt, wer mutig genug ist, in den tiefen Brunnen zu springen. (Wo man dann wider Erwarten statt zu ertrinken saftige Wiesen, Äpfel und einen Backofen mit Brot findet, vgl. Kapitel 4).

Inanna will Ereschkigal gar nicht besiegen. Sie geht nicht in die Tiefe, um ihre Überlegenheit zu bestätigen, wie das die Oben-Unten-Symbolik wohl nahe legen könnte. Keine Rede davon, dass die Unterwelt etwa lebensfeindlich sei. Ganz im Gegenteil endet der Mythos mit einem hymnischen Lobpreis auf die Göttin der Unterwelt:

> Heilige Ereschkigal! Groß ist dein Ruhm!
> Heilige Ereschkigal! Dir will ich lobsingen!

Es scheint um die Auseinandersetzung mit dem zu gehen, was uns als Dunkel schreckt. Weil wir fürchten, wir könnten das, was wir als bedrohlich empfinden, nicht in den Griff bekommen, reagieren wir nicht selten aggressiv. Ehe wir jedoch unseren „Dämonen" den Kampf ansagen, sollten wir uns vielleicht zuallererst darum bemühen zu verstehen ... und danach, so könnte man vermuten, ist sowieso alles anders. Nur braucht Verstehen Zeit und ist vor allem so unspektakulär wie Inannas Aufenthalt in der Unterwelt: Von außen sieht man auf den ersten Blick wenig Veränderung. Verwandlung zum Besseren geschieht oft nicht von heute auf morgen. Aber sie ist um so dauerhafter, je mehr Zeit wir ihr zum Reifen lassen. Wasser ist von dieser Qualität: Lange Zeit scheint nichts zu geschehen, dann bringt ein einziger Tropfen das Fass zum Überlaufen, eine einzige Schneeflocke zuviel den Ast zum Abbrechen. Wenn wir Wasser greifen wollen, entzieht es sich uns, wenn wir es in der geballten Faust halten wollen, rinnt es uns zwischen den Fingern davon. Wir können mit ihm machen, was wir wollen, aber wir können es unter keinen Umständen zwingen, mehr zu werden, nur weil wir mehr davon haben wollen. Schon gar nicht wird es dadurch mehr, dass wir versuchen, durch Intensivbewässerung oder gigantische Staudammprojekte einem kargen Boden immer mehr abzutrotzen. Wasser, insbesondere Süßwasser, ist von sensibler Qualität. Es ist eine Gabe der Erde, der unterirdischen Welt, die kostbarste von allen, denn ohne Wasser ist alles nichts. Einst wünschte sich König Midas, dass alles, was er anfasste, zu Gold werden würde. Zu spät erkannte er, dass er damit seinen eigenen Tod herbeigewünscht hatte, denn Gold lässt sich weder trinken noch essen. Es ist interessant, dass wir heute vom Geldfluss reden: „Currency" heißt der international-englische Ausdruck für (Geld-)Währung, und „currency" bedeutet gleichzeitig „Strom" und „Strömung". Mit diesem Geldstrom versuchen wir heute, kostspielige und gigantische Staudammprojekte in Gang zu bringen, von denen schon jetzt klar ist, dass sie zwar die Bauherren reicher, die Landschaft aber immer ärmer machen. Durch Dauerbewässerung werden manche Böden mehr und mehr versalzen und am Ende wird Hunger die Folge sein. Oder der Grundwasserpegel sinkt durch Intensivbewirtschaftung, und das hat genauso verheerende Folgen.

Als Inanna in die Unterwelt absteigt, da erkennt sie, dass Wasser und Getreide das Einzige ist, worauf wir im Leben wirklich zählen können. Und was wir uns deshalb unter allen Umständen – und möglichst rein – bewahren müssen. Wobei es auch hier nicht um die Menge, sondern um die Qualität, um die Güte geht. Im „Kleinen Prinzen" heißt es:

> „Die Menschen bei dir zu Hause", sagte der kleine Prinz, „züchten fünftausend Rosen in ein und demselben Garten ... und doch finden sie dort nicht, was sie suchen ..."
>
> „Sie finden es nicht", antwortete ich.
>
> „Und dabei kann man das, was sie suchen, in einer einzigen Rose oder ein bisschen Wasser finden ..."

## In der Tiefe das Glück finden: Innere Quellen entdecken

Auf der psychologischen Ebene können wir die Göttin Inanna mit einer starken Persönlichkeit vergleichen, der das Leben alles geschenkt hat, was sie sich nur wünschen konnte: Schönheit, Gesundheit, Macht, Ansehen, Beliebtheit, Liebe, Weisheit und die Möglichkeit, all ihre Kräfte und Begabungen zum Wohle anderer einzusetzen und fruchtbar zu machen. Eine strahlende Frau, die gerne lacht, Feste feiert, tanzt, trommelt und Rausch fördernde Getränke zu sich nimmt, die aber auch wütend kämpfen und Sturm und Schrecken um sich herum verbreiten kann. Eine Herrscherin, die in beidem bewährt ist: hingebungsvoll in der Liebe wie im Kampf. Und wie aus heiterem Himmel setzt sie all das aufs Spiel, was bisher ihr Leben ausgemacht hatte. Zwar weiß sie nicht, was sie dort unten erwarten wird, aber sie ahnt – fast müsste man sagen sie wünscht –, dass danach nichts mehr so sein wird wie zuvor.

„Ganz hoch oben" kann schließlich auch bedeuten: abgeschnitten sein von den Wurzeln des Lebens, den Boden unter den Füßen verlieren, nur die hellen, sonnigen Seiten des Lebens sehen wollen. Ein gewissermaßen einseitiges und steriles Leben, dem es vielleicht an Tiefgang fehlt. Die Königin des Himmels jedenfalls macht sich bewusst auf den Weg in den Abgrund, was wir symbolisch auch als Abstieg in seelische Tiefen, Nöte und Abgründe deuten können. Psychologisch gesprochen könnte es sich hier um einen schweren Fall von Depression handeln, die ja auch handlungsunfähig macht. Doch Inanna wäre nicht Königin, wenn sie nicht auch hier bewusst und planmäßig vorginge. Als Himmelskönigin repräsentiert sie das herrschende Bewusstsein gleich in doppelter Weise, in spiritueller wie in irdisch-praktischer Hinsicht. Der „Himmel" hat symbolisch mit unseren höchsten spirituellen Werten, das Königliche zusätzlich mit unseren weltlichen Ambitionen zu tun, beides sollte im günstigsten Fall zusammenwirken, um ein harmonisches Leben hervorzubringen. Inanna aber reicht das alles nicht mehr. Sie sehnt sich nach einer neuen Erfahrung, und diese Sehnsucht zieht sie in die Tiefe. Sie will erforschen und durchleuchten, was noch niemand vor ihr gewagt hat: das Herz der Finsternis, das „Land ohne Wiederkehr". Und sie sichert sich ab. Für den Fall, dass sie da unten mit ihrem Latein am Ende sein wird, hat sie ihrer besten Freundin genaue Anweisungen gegeben. Im festen Vertrauen auf ihr Gehalten-sein in der oberen Welt kann sie sich nun schrittweise auf die noch ungewisse Verbindung zur unteren Welt einlassen. Stolz und hoch erhobenen Hauptes klopft Inanna an die Pforten der Unterwelt, gewohnt zu erobern, was ihr Widerstand leistet. Und die Königin der Finsternis ist alles andere als begeistert. Nachdem sie Innana nacheinander alles abgenommen hat, was dieser – wie eine zweite Haut – Schutz und Halt geboten hatte, lässt sie ihre Kontrahentin einfach in der Luft hängen, hofft vielleicht, dass die unliebsame Ruhestörung sich damit ein für allemal erledigt hat. All ihrer prächtigen Gewänder und Schmuckstücke beraubt, die für ihren Status in der äußeren Welt stehen, besitzt die Königin des Himmels nichts mehr als ihre eigene nackte Wahrheit. Darüber verliert sie zunächst das Bewusstsein ihrer Größe, fühlt sich klein, unbedeutend und machtlos. Sie, die immer Kampfbereite und Aktive, wird handlungsunfähig. „Nackt und tief gebeugt" war die Stellung, in der die Sumerer, die sich diese Geschichte erzählten, ins Grab gelegt wurden. Sie erinnert gleichzeitig an die Haltung des Embryos im Mutterleib. Der ja dort im Übrigen auch von Lebenswasser umgeben ist. Ganz offensichtlich bereitet sich Inanna dort unten auf eine neue Geburt vor.

Verwandlung vollzieht sich nun gerade da, wo nichts (mehr) zu geschehen scheint. Und zwar auf beiden Seiten. Beide Kräfte befinden sich in Auflösung, Bedingung für den späteren Neuanfang, wie er auch durch die Geburtswehen der Unterweltsgöttin drastisch angekündigt wird. Zugleich aber wird deutlich, was es mit dem Reich der Nacht und des Todes auf sich hat: Es ist in Wirklichkeit eine Stätte, in der sich Verwandlung zu neuem Leben vollzieht. Das Reich des Todes gibt sich als Ort des Lebens zu erkennen. Ereschkigal, die „Herrin des großen Unten", hütet nichts Geringeres als die Wasser des Lebens. Die winzigen Figürchen, die der Weisheitsgott aus dem Schmutz unter seinen Fingernägeln hervorgehen lässt, tragen in Wirklichkeit Eulen nach Athen. Sie sind aber im Grunde aus derselben Substanz wie das Reich der Herrscherin der Unterwelt: aus dunklem verachtetem Schmutz. Deshalb können sie Ereschkigals Leiden wahrnehmen. Indem sie es anerkennen und ihm einen sprachlichen Ausdruck verleihen, machen sie es zugleich bewusst: für Ereschkigal, für Inanna und für uns Menschen, die wir diese Geschichte hören und in uns aufnehmen. Die Unterwelt mag noch so sehr ein Ort des Schreckens und des Leidens sein, sie ist zuallererst ein Ort der Umgestaltung in ein neues Leben. Und die Verwandlung vollzieht sich in diesem Fall durch Mitgefühl, denn das Element des Wassers bringt Gefühle „in Wallung" und „in Fluss". Symbolisch deutet Wasser auch auf die Liebe, die der Seele die Fähigkeit verleiht, weich, empfänglich und mitfühlend zu werden. Ein Ausgeliefertsein an die Tiefe der Gefühle, wie es Inanna bisher vielleicht noch nicht erlebt hatte und was Ereschkigal jetzt zum Ausdruck bringt. Die Herrin der Unterwelt gebiert neues Leben, und wie jede Geburt ist auch diese Zeit der Neuwerdung, in der man einfach geschehen lassen muss, mit Schmerzen und Ungewissheiten verbunden.

Ereschkigal steht die Auflösung, die das Wasserelement mit sich bringen kann, buchstäblich ins Gesicht geschrieben. Ihre Haare umschwirren sie wie Lauch. Was aber hat Lauch mit der Unterwelt zu tun, wie sie hier dargestellt ist? Interessanterweise bezeichnet im Germanischen die mit dem Wort Lauch verbundene Rune *lagu* die Urkraft des fließenden Wassers als Trägerin der Lebensenergie. Sie steht für die Ur-Wasser in *Niflheim*, wie die Germanen ihre durch die Göttin Hel personifizierte Unterwelt nannten. *Lagu* beinhaltete auch den

Ritus der Überquerung des Wassers am Ende des Lebens, um ins Totenreich zu gelangen. Zugleich war sie Symbol für die von dort ausgehende Wiedergeburt, weshalb man – schon in vorchristlicher Zeit – die neugeborenen Kinder mit Wasser besprengte. *Lagu* steht für die Kraft des organischen Wachstums, auf die wiederum der Lauch symbolisch verweist, dessen phallische Form große potentielle Energie anzeigt. Die blättrigen Schichten dieser Pflanze können uns die Augen dafür öffnen, dass jeder Wachstumsprozess – nicht zuletzt unser eigener – in zyklischen und konzentrischen Bahnen verläuft. Deshalb hängt *lagu* sprachlich auch zusammen mit dem Wort *lög*, das soviel wie Gesetz bedeutet, und zwar die Gesetzmäßigkeit organischen Lebens und Wachsens. All das also, worum es im Letzten auch bei Inannas Begegnung mit Ereschkigal geht. Denn auch Ereschkigal erfüllt nichts anderes als ein Gesetz der Notwendigkeit, das besagt, dass alles Lebendige – die höchste Himmelsgottheit nicht ausgenommen – dem Tod ins Auge sehen muss. Indem Inanna sich von Ereschkigal töten lässt, erkennt sie dieses Gesetz an und enthüllt zugleich dessen inneren Sinn: die Schöpfung neuen Lebens, die für die alte Form ein Absterben bedeutet. Ihr Leben, das bis auf den innersten Kern reduziert wird, entfaltet sich von da aus neu. Wie das Korn, das in die Erde gelegt wird, nur Frucht bringt, wenn es seiner alten Form abstirbt. Nicht von ungefähr ist Ereschkigal die Hüterin des Getreides! Das, was wir zum Leben notwendig brauchen – Wasser und „Brot" –, erweist sich so als Gabe der unteren Welt. Der „Himmel" könnte kein Wachstum anregen, wenn ihm „von unten" nichts entsprechen würde.

Die Geschichte von Inannas Abstieg enthüllt ein weibliches Wesen als das Herz der Unterwelt. Man beachte, welch entscheidende Rolle das Hören in diesem Drama spielt! Symbol des Ohres ist (worauf Joachim-Ernst Berendt hinwies) die Muschel, die ihrerseits das weibliche Geschlechtsorgan symbolisiert. Beide empfangen. Entsprechend galt das Ohr bereits der Antike als weiblich, empfangend, helfend, intuitiv und spirituell, ins Innere eindringend, das Leben als Ganzes auf- und wahr-nehmend. „Das Feld des Gesehenen ist die Oberfläche, der Bereich des Gehörs ist die Tiefe“, so charakterisiert Berendt den Unterschied zwischen Auge und Ohr und fährt dann fort: „Der hörende Mensch hat also mehr Chancen in die Tiefe zu dringen als der sehende.“ Das Ohr hat eine direkte Verbindung zur Gefühlswelt, die im Wasser symbolisiert ist. Wir können Inannas Abstieg folglich auch deuten als ein Ausloten der eigenen Gefühlstiefen. Ein Sich-Ausliefern an die Kräfte der Intuition und des Unbewussten, die für das Licht des Ich-Bewusstseins dunkel, bedrohlich und überschwemmend erscheinen.

Inanna ist „ganz Ohr“, als sie sich bewegen lässt, die ihr bekannte Welt zu verlassen. Wer weise sein will, das machen die alten Texte deutlich, braucht zuallererst ein empfängliches, offenes Ohr. Enki, der Gott der Weisheit, wird geradezu durch sein Ohr charakterisiert: Er ist „der, dessen Ohren weit offen sind.“ Von ihm hat Inanna die *me*-Kräfte, die Weisheit der Welt, in jugendlichem Tatendrang (in einem Trinkwettstreit) erkämpft. Das empfängliche Ohr ist Teil dieser *me*. Nun muss sich zeigen, ob die Himmelsherrin die Fähigkeit hat, den Dingen auf den Grund zu gehen. Das Ohr ist – stärker als das Auge – auf Gefühle eingestellt. Auch die unscheinbaren Wesen, die Enki aus dem Schmutz unter seinen Fingernägeln hervorgehen lässt, haben nichts weiter zu tun, als zuzuhören und auszusprechen, was sie hören. So bringen sie ihr Mitgefühl zum Ausdruck. Und Ereschkigal ist gerührt. Ihr Herz wird weich, und sie ist bereit zu geben. Das Ohr, erklärt Berendt, ist „die Brücke der Liebe zum Du“. Es gibt sogar eine urchristliche Legende, die besagt, dass Maria Jesus durch ihr Ohr empfangen hätte. „Warum wohl durch das Ohr?“, fragt Berendt. „Weil es das reinste unserer Organe ist – dasjenige, das zum Sein, zum Urgrund, zum Ur-Ton und zur Ur-Spannung die unmittelbarste Beziehung besitzt.“ Schall schließlich wird auch in Form von Wellen empfangen und „fortgepflanzt“.

Ereschkigal leidet und klagt (an) ohne Unterlass. Solange sie nicht in ihrem tiefsten Inneren erhört wird, kommen auch ihre lebensfördernden Seiten nicht zum Vorschein. Was Quelle des Lebens sein könnte, wird verschüttet und verschlammt, wenn niemand daraus trinkt. Schätze bleiben für immer unter Wasser, wenn niemand den Mut findet, danach zu tauchen. Für eine Liebesgöttin wie Inanna ist es geradezu unmöglich, die Tiefe der eigenen Gefühle nicht zu kennen; nicht zu verstehen, dass in der Liebe Tod und Leben ein und dasselbe sind; denn die Liebe spielt immer das Lied vom Tod des Ich. „Kennt nicht den Ort, an dem er sich befindet", hieß ein alter ägyptischer Ausdruck für die Liebesekstase, von „Koma" sprach man im antiken Griechenland: Höchste Seligkeit bedeutet für das rationale Bewusstsein tiefste Dunkelheit. Dafür bringt Liebe alles in Fluss. Wie es in einem Gedicht des Römers Lukrez aus dem 1. Jahrhundert v. Chr. äußerst lebendig dargestellt wird:

Mutter des Aeneas, Liebling der Götter und
Menschen,
Venus, unsere Hüterin, unter den kreisenden
Sternen des Himmels
erfüllst du das Schiffe tragende Meer
und das fruchtbare Land mit Leben.
Durch dich erst wird alles Lebendige empfangen,
um geboren zu werden, das Tageslicht zu
erblicken.
Göttin, vor dir weichen Stürme.
Bei deinem Kommen öffnen sich die Schleusen
des Himmels,
Daedalus' süße Erde lässt ihre Blumen sprießen
für dich. Besänftigt lächeln Meereswogen dir
und aus des Himmels Frieden strömt Licht.
Die Quelle kommt zum Leben wie des Westwinds
zeugungskräftiger Atem, die Vögel in der Luft

verkünden deine Ankunft, ihr Herz ergriffen
von deiner Macht. Der neue Überfluss
lässt wilde Tiere Freudensprünge tun.
Gefangene deiner Güte folgen dir, wohin du
führst,
durch Meer und Höhen, Ströme, Blätterwerk,
wo Vögel wohnen, und grüne Felder.
In alle Herzen dringet unausweichlich
deine Liebe, damit sich alle Arten
auf Erden freudig mehren.

## Wie neu geboren: Gefühle im Fluss

Wenn wir die Geschichte von Inannas Suche nach den Wassern des Lebens als innerseelischen Vorgang deuten, so begegnen wir hier einer Persönlichkeit, die das Ausloten ihrer eigenen (Gefühls-)Tiefen nicht scheut. Sie folgt einem inneren Ruf und erschließt dadurch eine bis dahin verschüttete innere Quelle. Denn die Unterwelt, das ist auch „das Haus, in dem die Eintretenden des Lichts beraubt sind, wo Staub ihre Kost und Lehm ihre Nahrung ist, wo Tor und Riegel mit Staub bedeckt sind“. In diese ihre eigene Finsternis trägt sie das Licht des Erkennen-Wollens. Modern gesprochen tritt sie in eine Auseinandersetzung mit den Kräften des Unbewussten, dessen Symbol wiederum das Wasser ist. Meer und Mutterschoß in einem, gebiert es das Bewusstsein wie eine Lotusblüte, deren Wurzeln gleichwohl im Schlamm stecken. Die Quellen, aus denen sie leben kann, deckt die Himmelskönigin (Symbol des „oben“ thronenden und sich im Lichte seiner bewussten Einstellungen sonnenden „Ich“) im eigenen Inneren auf, das sie, sofern es sich um das Unbewusste handelt, zugleich mit allem Lebendigen teilt.

So wenig wie Himmel und Erde, oben und unten, Göttliches und Menschliches, getrennt sind, so wenig sind es Innen und Außen. Was dem Auge als geteilt erscheint, ist vom innersten Gefühl her eins. Wer das erfahren hat, fühlt sich in neuer Weise von einem Strom „lebendigen Wassers" getragen.

„Der Himmel freue sich deiner, die Wassertiefe jauchze über dich!" – so wird die Himmelskönigin in Hymnen gefeiert. An beiden Orten ist sie zu Hause, die Wassertiefe im Letzten ist nur die Kehrseite der Himmelshöhe. Das Rad des Schicksals, das uns bald oben, bald unten sieht und uns um so schneller in die Tiefe stürzt, je stärker wir uns gegen den „Untergang" sträuben, uns festkrallen wollen an einmal Erreichtem. Und hier sehen wir „Dumuzis" Anteil am Geschehen.

Dumuzi ist Inannas Liebespartner, und eigentlich hätte er der Erste sein müssen, der sie nach ihrer Rückkehr aus der Unterwelt in die Arme schließt. Doch weit gefehlt. Er sitzt auf seinem hohen Thron und wankt und weicht nicht von der Stelle. Es sieht so aus, als habe er ihre Abwesenheit nicht einmal bemerkt. Ganz zu schweigen davon, dass er den Wunsch verspürt hätte, die neue Erfahrung mit ihr zu teilen. Inanna aber ist nicht mehr dieselbe wie vorher. Sie kann nun selbst mit den Augen Ereschkigals sehen und fordert Dumuzis Mitgefühl ein. Dumuzi hat sich häuslich eingerichtet auf seinem Thron. Ihm steht der Sinn nicht nach Veränderung. Er will, dass alles so bleibt, wie es ist, denn er erblickt darin seinen Vorteil. Dabei vergisst er, dass es die Liebe selber war, die ihn so hoch erhoben hatte. Nur seiner Beziehung zu Inanna verdankt er seine jetzige Position. Nun lässt seine Partnerin ihn fallen. Sie schickt ihn an ihrer Stelle hinab in die Unterwelt, damit er ähnliche Erfahrungen wie sie sammeln und sie danach besser verstehen kann.

Vorbedingung dafür, dass die Liebe (und mit ihr das Leben) wieder lebendig wird, ist nämlich gerade diese Zeit „unterweltlicher" Erfahrung, die im Naturkreislauf des Vorderen Orients (der bei all dem immer mit im Blick ist) mit der Dürre und Trockenheit des Sommers zusammenfiel, wenn das Korn abgeerntet war und die rissige, spröde Erde auf den ersten

Herbstregen warten musste. Wenn „oben" Dürre herrscht, zieht sich alle Energie in die Tiefe zurück und bereitet daselbst die Verwandlung zum Besseren vor.

Wie oft sprechen wir von einer Durststrecke oder vom Gefühl, auf dem Trockenen zu sitzen, wenn wir andeuten wollen, dass wir uns in einer unschöpferischen Phase befinden, in der nichts mehr geht und wir uns er-schöpft oder „ausgebrannt" erleben. Irgendwann ist sie dann ausgestanden, diese Zeit, meist sogar unmerklich; und die Freude über neu gewonnene Schöpferkraft wird um so größer sein, je mehr wir auch diese Zeit ausgekostet und nicht nur blindlings überspielt haben. Die Quellen (auch der Liebe) sprudeln neu, wenn wir uns nur tief genug einlassen.

Im Tarot, das sehr viele mystisch-mythologische Motive aus vorchristlicher Zeit lebendig erhalten hat, erscheint das Bild Nr. 17 – „der Stern" – wie ein Destillat aus diesem frühen Mythos um Inanna, der Schöpfungs- und Liebesgeschichte in einem ist.

Vor einem leuchtend blauen Himmel zeigt die Karte nicht nur einen, sondern gleich acht Sterne: sieben kleine und einen großen im Zentrum, und alle haben acht Zacken. Ganz wie das heilige Symbol der Liebes-Kampf-Göttin und Himmelskönigin Inanna, die auf antiken Rollsiegeln oder Keilschrifttafeln entweder als achtzackiger Stern oder als achtblättrige Rosette dargestellt werden konnte.

Eine nackte Frau kniet auf einer üppigen blühenden Wiese am Rand eines Brunnens oder Teiches, mit einem Fuß auf der Wasseroberfläche, die sich in konzentrischen Ringen vor ihr entfaltet. In beiden Händen hält sie Krüge, mit denen sie Wasser schöpft und ausgießt. Versunken schöpft sie aus der Fülle und schüttet mit vollen Händen aus. Der Vogel auf dem Baum hinter ihr ist ein Ibis, Symbol der Weisheit und der schönen Künste.

In der Zahlenmystik ist 8 die Zahl des neuen Tages und gilt der achtzackige Stern als Symbol des Todes durch Transformation. Das Zeichen der Lemniskate, d. h. der liegenden Acht, die selber wie eine Welle aussieht, steht für Unendlichkeit bzw. den steten Ausgleich der spirituellen und materiellen Kräfte im ewigen Auf und Ab des Lebens, bei dem beständig eins ins andere übergeht: Hier geht es um nichts Geringeres als das Gesetz der ganzen Welt, die kosmische Ordnung, die alles durchwebt. Worauf auch die Spitzen des Sterns hindeuten, die in alle acht Richtungen des Raumes weisen. Acht ist das Symbol von Zeit und Vergänglichkeit, Jenseits und Ewigkeit, Gerechtigkeit und Weisheit.

Das Tarot als Ganzes kündet auch vom Gesetz der Hathor („rota taro orat tora ator"), einer ägyptischen Liebesgöttin, die zugleich auch Himmels- und Totengöttin war. Ihr Beiname war „die Goldene" oder „das Gold", ein Beiname, den sie mit Aphrodite gemeinsam hat. „Golden, im Lichte thronend", so wird die Kraft der Liebe angerufen: Aphrodite Urania, die himmlische Aphrodite, die den Sonnenkreis auf der Brust trägt. Und wie das Gold, das unter der Erde gefunden wird, hat auch die Sonne ihre „unterweltliche" Seite. Die „goldene" Sonne geht täglich im Westen unter und wird im Osten neu geboren. Unser Wort „Ostern", „Ostara", hängt damit zusammen, denn „Ostar" bedeutet „die Richtung gegen Morgen" – nach dem Gang durch die Nacht. (Auch Inanna ist auf dem Weg nach Osten, als sie in die Unterwelt geht! Ihr babylonischer Name wurde „Istar", was denselben Konsonantenstamm hat wie Ostar.) Als Frühlingsfest war Ostern ein Fest der wieder auferstandenen Sonne, die nach der Starre des Winters mit ihren wärmenden Strahlen die ganze Welt neu belebte. Die Sonne selbst, so glaubte man, tut am Ostermorgen drei Freudensprünge in ihrer frisch erwachten Lebenslust. Wasser aber, das am Ostermorgen geschöpft wird, galt im Volksglauben als heilig und heilkräftig. Es sollte frühmorgens vor Sonnenaufgang, stromabwärts und stillschweigend gesammelt werden. In dämmernder Morgenfrühe gingen die großen Mädchen zum Brunnen und füllten schweigend ihre Eimer. Und wenn die

Sonne aufging, so verneigten sie sich dreimal ehrfurchtsvoll vor ihr. Dann trugen sie das Osterwasser ins Haus, ohne dabei ein Wort zu sprechen; nicht einmal den Gruß eines ihnen begegnenden Menschen durften sie erwidern, wenn das Wasser nicht seine wunderbare Heilkraft verlieren sollte. Das ganze Jahr über behält das Osterwasser seine Frische und tut es dieselbe Wirkung wie ein Jungbrunnen: Es verdirbt nicht, verjüngt, heilt Wunden und Krankheiten. Badete man kranke Augen darin, so wurden sie alsbald wieder sehend. Ganz so, als ob sich die segensreichen Wirkungen des aufsteigenden Lichts im Wasser spiegeln und über das belebende Nass ihre Kraft vervielfältigen.

# 3

## Wasser als Spiegel der Seele

Lange bevor der erste Spiegel erfunden wurde, hatten die Menschen nur Quellen, Seen, Weiher und Teiche, wenn sie sich selbst ins Gesicht sehen wollten. Und das Bild, das sie dabei von sich gewannen, war nicht gerade scharf konturiert. Es konnte die, die hineinblickten, durchaus auch täuschen. Was den Blick in den Spiegel bisweilen zu einem spannenden Abenteuer machte. In der Auseinandersetzung mit der Quelle als Spiegel konnten die Menschen gleichwohl etwas über sich selbst erfahren. Vielleicht war es um diese Zeit, dass Wasser als Symbol unserer Seele empfunden wurde. Das Wasser schien mehr zu spiegeln als nur die Oberfläche der Dinge. Es lockte nicht nur zum Bade, sondern auch in die Tiefe, verlockte dazu, sich im und durch den Spiegel verwandeln zu lassen. Im Unterschied zum Spiegel aus Glas weicht die Wasseroberfläche vor Berührung zurück, zerstört das Bild, um uns ein neues vorzugaukeln oder in ein neues Leben hineinzuziehen. Das Wasser zieht uns in einen Dialog mit uns selber, bringt uns in Kontakt mit unseren tiefsten und geheimsten Wünschen, zeigt, wie es um den Zustand unserer Psyche bestellt ist. Nach dem Motto: Wie wir in den Wasserspiegel hineinschauen, so blickt unsere Seele zu uns zurück. Hoffen wir, dass es eine freudige Begegnung wird!

Die folgenden Geschichten vermitteln uns auf dreierlei Art und Weise, wie wir mit dem Wasserspiegel umgehen können: Wir können uns wie die junge Sternfrau frisch und unbekümmert (und wohl auch ein bisschen naiv und unbewusst) in die Fluten stürzen und uns einfach verwandeln lassen. Wir können wie Narziss reserviert bleiben und uns auf nichts einlassen; oder aber wir können rechtzeitig für einen festen Stand (Festland) sorgen und von da aus – in beständigem Kontakt mit dem belebenden Nass – bewusst schöpferisch tätig werden, wie es die Geschichte von der Himmelsfrau und der Schildkröte deutlich macht. Wahrscheinlich ist, dass wir mal so und mal so handeln, je nachdem, wie es die Situation erfordert oder unser Mut zulässt. Vielleicht fühlen wir uns auch zu der einen oder anderen Geschichte besonders hingezogen. Das wäre dann auch ein Indiz …

## Im Spiegel des Wassers: Eine junge (Stern-)Frau findet ihre Bestimmung

Beim Volk der Anishnabeg (Ojibway) in Kanada erzählt man sich eine wundervolle Geschichte, in der ein Stern seiner tiefen Sehnsucht folgt:

Vor langer, langer Zeit schaute einmal der beseelte Geist eines Sterns hinunter auf die Erde und entdeckte ganz tief unten eine Lichtung, die sich in unmittelbarer Nähe zu einem See befand und von der ein orangefarbenes Glühen ausging. Neugierig, wie sie war, ließ die junge Sternfrau sich tiefer fallen, um besser sehen zu können, was genau sie von dort unten anzog. Bald konnte sie erkennen, dass der Glanz in Wirklichkeit ein Feuer war, um dessen wärmenden Schein sich Menschen versammelt hatten. Als sie noch näher herankam, bemerkte sie auch, was diese Menschen taten: Sie erzählten sich Geschichten, sangen Lieder und tanzten fröhlich. Wie gebannt blickte die junge Sternfrau nach unten, denn sie konnte die liebevollen Gefühle wahrnehmen, die von den ums Feuer Versammelten bis zu ihr hin strahlten. Oh, wie sehr sehnte sie sich danach, dem Lachen und der Musik nahe bleiben und zuhören zu dürfen. Doch sie wusste, dass ihr Platz am Himmel war und dass sie dorthin zurückkehren musste.

Noch während sie im Begriff war, himmelwärts zu klettern, wandte sie sich zurück, um mit einem allerletzten Blick Abschied von ihrem sehnsüchtigsten Verlangen zu nehmen. Da entdeckte sie, mitten im See und direkt unter sich, einen anderen Stern! Vielleicht können Sterne doch auch im Wasser leben, fragte sie sich verwundert. Schnell und ohne Zeit zu verlieren, stieg sie wieder zum See hinab. Sie erkannte nicht, dass der andere Stern, der ihr aus der Tiefe entgegen winkte, nichts weiter war als ihr eigenes Spiegelbild im Wasser. Kaum hatte sie die Wasseroberfläche berührt, um den fremden Stern zu umarmen, wurde sie auch schon in eine wunderschöne, sternförmige Blume verwandelt: Die erste Seerose war geboren!

Seerosen wachsen immer nahe am Ufer, weil sie sich dort am Zauber des Lachens und am Klang der Musik erfreuen können, die wie Wellen von den Lagerfeuern der Menschen ausströmen. Wann immer ihr durch einen Teppich von Seerosen paddelt, vergesst nicht, euch an die junge Sternfrau zu erinnern, die im Himmel lebte, bis sie sich von einem Wunsch verzaubern ließ.

(Der englische Text befindet sich auf der Rückseite einer Kunstpostkarte des kanadischen Künstlers David A. Johnson und wurde von mir ins Deutsche übersetzt.)

Auf wunderbare Weise zeigt diese Geschichte die verwandelnde Kraft der Intensität eines Herzenswunsches (man könnte auch sagen: einer Vision). Die Sternfrau in ihrer einsamen Himmelshöhe und -kälte fühlt sich unwiderstehlich angezogen von menschlich wärmender Geselligkeit. Und sie erhält am Ende, was sie sich wünscht, gleich in doppelter Hinsicht: Sie bleibt in der Nähe der Menschen, und sie wird in ein Wesen verwandelt, das selbst in Gruppen auftaucht. Seerosen kommen selten vereinzelt vor, sondern überziehen die Wasseroberfläche Blatt an Blatt wie Flickenteppiche.

Im Spiegel des Wassers sucht und erkennt die Sternfrau nicht zuallererst sich selbst, sondern ein Wesen, dem sie ihre Liebe schenken kann und von dem sie ihrerseits eine neue Existenzweise erlernen möchte, nämlich wie man als Stern unter Wasser leben (sprich das Unmögliche möglich machen) kann. Auf diese Weise hofft sie nicht nur, eine Freundin/einen Freund zu gewinnen, sondern auch ihren Wunsch nach menschlicher Nähe und Wärme erfüllen zu können. Und ohne zu Zögern schreitet sie zur Tat. Diesen Weg, der ihr dort gespiegelt wird, will sie auch gehen. So verzaubert ist sie von ihrer Vision, dass sie darüber sich selbst vergisst. Im Grunde hat sie sich bereits verwandelt, bevor sie den vermeintlich anderen Stern umarmt. Sie ist zu ihrem Wunsch geworden. Die Verwandlung jedenfalls entspricht genau ihrem innersten Kern und innigsten Wunsch: dem Wunsch nach Gemeinschaft und froher Geselligkeit. Die neue Existenzform erlaubt ihr, für immer in der Nähe derer zu bleiben, die sie in ihr Herz geschlossen hat und denen sie bis dahin ihre Liebe nicht zeigen konnte, weil sie viel zu weit weg war. Die Gestalt der Seerose zeigt, dass sie nun zu einem harmonischen Ganzen gefunden hat.

In der Geschichte wird die Vision zur Quelle eines neuen Lebens. Indem die Sternfrau kompromisslos ihren innigsten Herzenswunsch verfolgt, gebiert sie ihre eigentliche Bestimmung ins Leben. Diese Vision erfüllt sich im Hier und Jetzt. Gleichzeitig wird das menschliche Leben in seiner Schönheit und Verehrungswürdigkeit gepriesen. Lachen, Geschichtenerzählen und Singen: All diese Tätigkeiten haben mit menschlicher Spiritualität zu tun. Im Weltbild der Anishnabeg eröffnen sie den direkten Kontakt zur Welt des Göttlichen und Geistigen. Gesang, so sagten sie, ist die Äußerung der Geist-Seele, Tanz der Ausdruck für ihren Rhythmus. Lachen befreit die Seele von ihren Einengungen. Wenn es kein Lachen gibt, stirbt die Seele, andersherum hält Lachen die Seele im Körper, denn die Seele der Menschen, so die zugrunde liegende Vorstellung, besteht aus Lachen. Geschichten aber werden erzählt, um die Geist-Seele mit Nahrung zu versorgen und bilden überdies die Grundlage für die heiligen Zeremonien.

Das Märchen von der Sternfrau lässt erkennen, dass es nicht Egoismus bedeutet, wenn man seiner Vision nach lebt. Vielmehr wird hier die schöpferische Kraft der Geist-Seele aktiviert, die neue Lebensmöglichkeiten eröffnet. Indem sie sich von ihren intensiven Gefühlen verwandeln lässt, hat die Sternfrau zugleich etwas geschaffen, was es bis dahin noch nicht gegeben hatte. Ihre neue Gestalt ist ein Geschenk des Himmels an die Menschen und zugleich Ausdruck ihrer Liebesfähigkeit. Der Anblick von Seerosen stimmt freudvoll und harmonisch. Seerosen gelten, wie der mit ihnen verwandte Lotos, als Symbole von Reinheit und Spiritualität. Ihre Blüten öffnen sich zum Himmel und sehen aus wie auf dem Wasser schwimmende Sterne. So zaubern sie in gewisser Weise den Himmel auf die Erde und vermitteln zugleich den Menschen, denen ihr Anblick das Herz erwärmt, ein Bewusstsein ihrer eigenen himmlischen Herkunft.

### Unstillbare Sehnsucht: Der Mythos von Narziss

Narcissus war, wie der antike Dichter Ovid uns in seinen „Metamorphosen" schildert, ein Jüngling voller Liebreiz. Als seine Mutter galt die wasserblaue Nymphe Liriope, die von seinem Vater, dem Fluss Cephisus, einst mit Gewalt in seine mächtige Strömung gerissen worden war, der sie nicht mehr entkommen konnte. So wurde er geboren als ein Kind des Wassers, und Wasser soll auch sein Schicksal werden. Der weise Seher Tiresias verkündete ihm ein langes Leben, solange „er sich selbst nicht kennen lernt."

Obwohl er äußerlich von begnadeter Schönheit ist, hat er dennoch ein Herz aus Stein, das keine Liebe zu erweichen vermag. Kein Mann, kein Mädchen konnte ihn rühren. Alle Liebe, die ihm entgegengebracht wird, weist er mit höhnischen und verletzenden Worten zurück. Ein Unberührbarer. Bis eines Tages einer der Verschmähten seine Hände zum Himmel ringt und einen Fluch auf den Unseligen herab beschwört: „So soll auch er, was er liebt, nicht bekommen."

Es gab einen klaren Quell mit silberglänzendem Wasser, den weder Mensch noch Vieh bis dahin je berührt hatten, nicht einmal ein Ast, der vom Baum gefallen war. Ringsum wuchs Gras und Gehölz, das keinen Sonnenstrahl durchließ, um den Platz zu erwärmen. Erschöpft von der Jagd und von der Hitze ließ der junge Mann sich nieder, denn die Anmut des Ortes und die Quelle zogen ihn magisch an. Noch während er seinen Durst zu stillen sucht, entsteht in ihm ein anderes Verlangen. Während er trinkt, erblickt er das Spiegelbild seiner eigenen Schönheit und lässt sich von ihm hinreißen. Plötzlich liebt er eine körperlose Hoffnung, hält das für einen Körper, was nur eine Welle ist. Vor Staunen ist er starr und steht gebannt wie ein Standbild aus Marmor: Alles bewundert er an dem anderen, was ihn selbst bewundernswert macht. Der Geliebte scheint zum Küssen nah, und dennoch geht all sein Begehren ins Leere. Bis ihm schließlich die schmerzliche Erkenntnis dämmert: „Ich bin es selbst! Ich habe es begriffen, und mein Bild täuscht mich nicht mehr. Liebe zu mir selbst verbrennt mich, ich selbst entzünde die Liebesflammen, die ich erleide. Was tun? – Was ich begehre, ist bei mir."

So schwindet er dahin, vom Feuer seiner aussichtslosen Liebe ausgezehrt. Dahin welkt seine Schönheit, bis er nur noch ein Schatten seiner selbst ist und an der Quelle, die sein Schicksal wurde, sein überdrüssiges Leben aushaucht. Selbst in der Unterwelt konnte er nicht aufhören, sich im Wasser der Styx zu spiegeln und verewigt dadurch sein Leiden ins Unermessliche. Als man aber seine sterblichen Überreste begraben wollte, fand man statt dessen nur noch eine Blume, in der Mitte safrangelb und umsäumt von weißen Blütenblättern.

(nach Ovid, Metamorphosen III, 339 – 510)

Die Quelle spiegelt den Seelenzustand des jungen Mannes aufs Trefflichste. Sein Dilemma ist gerade, dass er sich nicht einlassen will, in distanzierter Schau verharrt und schließlich erstarrt. Narziss will seine Schönheit, die in solchen Geschichten immer auch Symbol eines inneren Reichtums ist, mit niemandem teilen. Und weil er nichts gibt, kommt auch nichts zu ihm zurück. „An der Quelle saß der Knabe und verging vor Durst.“ Und dieser Durst ist seelischer Natur. Weder kann er trinken, noch kann er sich eine neue Quelle suchen. Und er kann auch nicht in das erfrischende Wasser eintauchen – womit er in gewisser Weise seelisch gesunden würde –, denn damit würde er das schöne Bild zerstören, das er sich von dem Geliebten, und letztlich von sich selbst, gemacht hat. So sitzt er buchstäblich auf dem Trockenen, fühlt sich wie ausgedörrt, hätte die Lösung zum Greifen nah und lässt doch lieber alles, wie es ist. Der, den er zu lieben meint, zeigt ihm nur seine Oberfläche. Das geliebte Gesicht zerrinnt ihm unter den Händen, sobald er es zu streicheln versucht. Im Grunde wird ihm hier sein innerstes Wesen reflektiert: Nicht der Wunsch, zu lieben oder geliebt zu werden hat ihn durchtränkt, sondern der Wunsch, unberührbar zu bleiben. Dieser Wunsch ist nun in Erfüllung gegangen. Was er berühren will, zerfließt ihm unter den Händen zu nichts. Und das Wesen, dessen Berührung er ersehnt, ist weniger als Schall und Rauch: seine eigene Substanz. Eine Larve, aus der sich kein Schmetterling befreien wird. Selbst noch über den Tod hinaus lässt er keine Verwandlung zu, auf ewig erstarrt im Starren auf (s)ein seelenloses Bild. Man beachte, wie sehr in dieser Geschichte allein die Augen beteiligt bleiben. Die Nymphe Echo, die ihn liebt, kann kein Gefühl in ihm hervorrufen. Narziss will nichts hören; was zu ihm dringt, ist nur das Echo seiner eigenen Worte. Der Rest ist Augenwischerei.

Narziss – neben der Geschichte von Ödipus ist er so etwas wie der zentrale Mythos der Psychoanalyse geworden. Und entsprechend sind Begriffe wie „narzisstische Störung“ oder „narzisstische Kränkung“ längst von der psychoanalytischen Fachliteratur in die Alltagsprache gewandert, wobei vielleicht viele, die diese Wörter gebrauchen, die ursprüngliche Erzählung gar nicht kennen. Narziss: darunter verstehen wir heuten u. a. einen Menschen, der sich gern in den bewundernden Augen von anderen spiegelt, weil er sich selbst im Innersten hohl und leer vorkommt und seinen Mangel an Gefühlstiefe dadurch wett zu machen sucht, dass er die anderen als Verlängerung seines eigenen Ich und seiner eigenen Wünsche betrachtet. Solche Menschen sacken in sich zusammen, sobald sie nicht die Aufmerksamkeit erhalten, die sie noch als Erwachsene so dringend brauchen, weil sie ihnen in ihrer Kindheit verwehrt wurde. So suchen sie ihr Leben lang und vor allem in der Liebe ein Wesen, das ganz auf sie eingeht, sie vollkommen versteht und ernst nimmt, das sie bewundert und ihnen bedingungslos folgt. Wie weit die psychoanalytische Theorie sich mit der ursprünglichen Geschichte noch deckt, möchte ich an dieser Stelle nicht entscheiden; auch nicht die Frage klären, warum gerade der „Narzissmus" mit seiner Panzerung gegen jedwede Gefühlstiefe heute so sehr um sich greift. Zu denken gibt diese Geschichte so oder so.

Obwohl sich der Mythos von Narziss und der des Sternenmädchens gar nicht so unähnlich sind, gibt es doch gravierende Unterschiede. Beide entdecken sie im Wasser ihr Spiegelbild, ohne zunächst zu ahnen, dass sie es selbst sind, denen sie da begegnen. Beide werden sie am Ende in eine Pflanze verwandelt, und in beiden Fällen verleiht Wasser ihnen genau die Gestalt, die ihrem sehnlichsten Herzenswunsch entsprach: Die eine möchte in größtmöglicher Nähe zu menschlicher Wärme leben und gibt dafür ihr gesamtes bisheriges Leben auf. Sie scheut sich nicht, aus einem Gefühl der Seelenverwandtschaft heraus spontan auf den vermeintlich anderen zuzugehen und gewinnt genau dadurch sich selbst, dass sie vollständig ins Geschehen eintaucht. Eins mit sich selbst geworden, kann sie sich nun ganz ihres Lebens freuen. Narziss dagegen, der sich in Reserve hält, der um alles in der Welt nichts verändern möchte, würde am liebsten noch den Augenblick festfrieren. Er gerät schon in Panik, wenn nur eine Welle vorübergehend das Bild des „Geliebten" verschwimmen lässt. Und auch er gewinnt, was er in gewisser Weise „verdient": Bis in alle Ewigkeit wird Erstarrung sein Teil sein. Und Erstarrung ist Tod, selbst noch über den leiblichen Tod hinaus. Weshalb die Qual auch mit seinem körperlichen Hinscheiden noch längst kein Ende hat.

## Schöpfung aus Wasser: Die Geschichte von Himmelsfrau und Schildkröte

Wie wir auf schöpferische Weise mit dem Wasserelement umgehen können, zeigt uns zu guter Letzt Nokomis. Im Weltbild der Anishnabeg war es Nokomis, die Himmelsfrau, die mit ihrer Vision die Erde als menschliche Lebenswelt erschuf, indem sie, genau wie das Sternenmädchen, einer tiefen Sehnsucht entsprach. Und wie in der Geschichte um die Himmelskönigin Inanna gab auch sie damit den Menschen ein Lebensmuster vor:

Hoch am Himmel lebte dereinst eine Frau und fühlte sich verzweifelt einsam. Zweimal bat sie den großen Geist um einen Gefährten, doch jedes Mal wurde sie verlassen, sobald sie schwanger war. Die ersten beiden Kinder, die sie als Zwillinge gebar, waren von so unterschiedlicher Art gewesen, dass sie einander zerstört hatten. Nun war sie zum zweiten Mal schwanger und allein. Die Wasserwesen aber hatten von unten alles beobachtet, was am Himmel vorging, und sie hatten großes Mitleid mit ihr. Aus diesem Mitgefühl heraus sannen sie auf einen Ausweg. Schließlich überredeten sie ein riesige Schildkröte dazu, an die Wasseroberfläche zu steigen und ihren breiten Rücken als Landeplatz anzubieten. Die Schildkröte sagte zu, und die Wasserwesen luden die Himmelsfrau ein, herunter zu kommen und ihr Gast zu sein. Als Nokomis sich auf dem Schildkrötenpanzer niedergelassen hatte, bat sie die Wassertiere, Erde vom Grund des Meeres herauf zu holen. Alle Tiere waren gern bereit, der Geistfrau zu helfen und stürzten sich einer nach dem anderen in die Fluten. Doch niemand schaffte es, auch nur ein Krümelchen Erde vom Grund des Meeres heraufzubringen, und alle schämten sich.

Zuletzt meldete sich das geringste der Wasserwesen, die Bisamratte. Alle lachten verächtlich, denn niemand traute diesem kleinen Tier zu, was die größeren nicht erreicht hatten. So warteten sie nachsichtig lächelnd darauf, dass die kleine Bisamratte mit ebenso leeren Händen wieder auftauchte wie sie selbst. Die Zeit verging. Aus den lächelnden Mienen wurden besorgte, das letzte bisschen Hoffnung wich der Verzweiflung. Da plötzlich tauchte die Bisamratte wieder auf, mehr tot als lebendig zwar, aber in ihren winzigen Pfoten hielt sie einen kleinen Klumpen Erde. Mit dieser geringen Menge Erde bestrich die Himmelsfrau den Rand des Schildkrötenrückens. Sie hauchte auf die Erde und hauchte ihr so den Atem des Lebens ein. Die Erde aber vermehrte sich sogleich und bedeckte schon bald den ganzen Rücken der Schildkröte, so dass eine große Insel entstand (der nordamerikanische Kontinent). Die Schildkröte, die ihre Mission erfüllt hatte, konnte wegschwimmen. Zum Dank für ihren Einsatz verlieh ihr die Himmelsfrau einzigartige Fähigkeiten. Sie wurde zur Botschafterin der Gedanken und Gefühle, die zwischen den Wesen unterschiedlichster Natur und Art hin und her schwimmt. Sie wurde zum Symbol für Gedanken, die mitgeteilt und empfangen wurden. Sie konnte die Zeitgrenzen von der Gegenwart in die Zukunft und in die Vergangenheit und wieder zurück überschreiten. Sie konnte sich von einem körperlichen in ein körperloses Wesen verwandeln. So wurde die Schildkröte zum Medium der Kommunikation zwischen den Wesen dieser Welt und Zeit und Wesen anderer Zeitdimensionen. Die langsamste aller Kreaturen verkörperte Schnelligkeit und Verständigung zwischen den Wesen. Noch immer ist sie die Schutzherrin der Medizinmänner und -frauen.

Die Insel aber wuchs an Größe. Es war der zweite Versuch einer Schöpfung, nachdem die erste, vom großen Geist erschaffene Welt in einer ungeheuren Flut untergegangen war. Die Wasserwesen brachten Gräser, Blumen, Bäume und nahrhafte Pflanzen, die alle durch den Atem der Geistfrau belebt wurden. Auf die gleiche Weise wurden alle Tiere wieder lebendig gemacht, die in der großen Flut ertrunken waren. Alles Leben auf dem Kontinent wieder hergestellt. An einem wolkenlosen Morgen gebar Nokomis ihre Kinder, einen Jungen und ein Mädchen: die Vorfahren der Anishnabeg. Im Unterschied zu ihren ersten Kindern waren diese hier von zusammengesetzter Natur, bestanden aus einem Körper und einer Geist-Seele-Substanz. Diese Geist-Seele hatte u. a. die Fähigkeit zu träumen und Visionen zu empfangen, die ein Mensch braucht, um sein Selbst zu verwirklichen.

Die Geistfrau aber kehrte zum Himmel zurück. Immer wenn der Mond schien, dachten die Menschen an sie als ihre erste Mutter. Und weil es eine Frau war, die den Kreislauf von Schöpfung, Zerstörung und Neuschöpfung vollendet hatte, gedachten sie dabei zugleich der alles überragenden Gabe von Frauen, Leben und Sein zu schenken.

Was also können wir von Nokomis lernen? Zunächst einmal ist es interessant, dass sich Geschichten über eine große Flut, die alles bis dahin bereits erschaffene Leben unter sich begräbt, weltweit bei allen Religionen finden. Was unabhängig von den realen Gegebenheiten auf so etwas wie eine Urangst hinweist. Alles Geschaffene könnte jederzeit auch nicht sein. Auch und vor allem das, was wir selbst ins Leben gerufen haben. Psychologisch gesprochen zeigt sich darin auch die Angst des Bewusstseins, vom „Meer“ des Unbewussten überschwemmt zu werden. Eine Erfahrung, der wir in gewisser Weise jede Nacht ausgesetzt sind und die – in Maßen genossen – durchaus schöpferische Folgen haben kann, wie die Schlaf- und Traumforschungen bestätigen. Wer jedoch nur noch träumen oder schlafen wollte, mit dem wäre auf Dauer etwas nicht in Ordnung. Schöpferisch werden kann man nur in der Balance zwischen bewusst und unbewusst. Und das demonstriert Nokomis geradezu perfekt, wenn sie sich auf den Schildkrötenpanzer begibt. Schön nahe am Wasser und doch mit festem Stand außerhalb. Dann können wir aus der Tiefe alles bergen und „schöpfen", was für ein erfülltes Leben notwendig ist, ohne dass uns die Tiefe in einen Strudel der Ereignisse zöge, dem wir uns eines Tages nicht mehr gewachsen fühlen.

# 4

# Brunnengeflüster

## Brunnen stiften Gemeinschaft

Brunnen sind viel mehr als nur Wasserquellen. Sie sind im Grunde Kulturereignisse; sie stiften Kultur. Weil sich Menschen seit je an ihnen versammelten, dort beim Wasserschöpfen Neuigkeiten und Gedanken austauschten, über „Gott und die Welt" debattierten und philosophierten, ja sogar am Brunnen Recht sprachen, bildeten sie jahrtausendelang so etwas wie das Herz jeder Gemeinschaft, die sich um sie scharte. An den Brunnen pulsierte sozusagen das Leben, an ihnen wurde Kultur zum Ereignis. Sie sind natürliche Versammlungsplätze, die schließlich sogar architektonisch und künstlerisch veredelt wurden. Von den großartigen Brunnen der Stadt Rom bis hin zum schlichten Dorfbrunnen, immer erzählen uns die Brunnen – auch baulich – viel vom Innenleben ihrer Gemeinde. Dem „Brunnen vor dem Tore" werden Lieder, Gedichte und Märchen gewidmet. Einen kühlen Trunk aus dem – gemeinschaftlichen – Brunnen zu schöpfen, ist etwas ganz anderes, als zu Hause die Wasserleitung aufzudrehen. Natürlich ist letzeres bequemer und war das andere sicher bisweilen eine ziemliche Plackerei, aber dafür leben wir heute auch vereinzelter und weniger gesellig, und auch das „Surfen" im Internet kann unseren Durst nach Gemeinschaft nicht wirklich stillen.

Wie sehr Brunnen Gemeinschaft stiften, habe ich bei einer Wanderung zum Kloster Mar Saba am eigenen Leibe erfahren. Mitten im August und mitten durch die Wüste Juda. Durch das Wadi Kelt, an dessen Schluchten sich das Kloster anschmiegt, fließt selbst im Hochsommer noch ein kleiner Bach, und alles hätte sehr idyllisch sein können, wenn mich und meine Freundin nicht plötzlich ein aufdringlicher Mann zum Aufbruch veranlasst hätte. Daher waren wir bei sengender Mittagshitze, also zu einer Zeit, die man in der Wüste normalerweise im Schatten und möglichst noch an einer Quelle zubringen sollte, zu einem Gewaltmarsch gezwungen. Leider konnten wir unsere Zuflucht nicht im Kloster suchen, denn das Kloster gewährt Frauen prinzipiell keinen Einlass. Selbst dann nicht, wenn sie – wie wir dem Pförtner deutlich zu machen versuchten – in Gefahr sind. Nur unseren Verfolger, den wollte er hineinbitten und versprach uns, ihn eine Weile festzuhalten, damit wir einen Vorsprung gewönnen und er uns nicht mehr einholen könne. Wir nahmen unsere Beine in die Hand, doch der steinige Pfad ging bergan, und die Sonne am wolkenlosen Himmel schien alle Anstrengungen zu unternehmen, uns in Dörrobst zu verwandeln. Zwischen uns und den nächsten menschlichen Behausungen lagen gut anderthalb Stunden Fußmarsch. Unser Verfolger war uns auch nur zu bald wieder auf den Fersen, und dass wir damals keinem Hitzschlag erlegen sind, wundert uns noch heute. In einem Dorf am Rande der Wüste waren wir schon auf dem Hinweg von einer Familie gastlich aufgenommen worden. Als diese Leute uns jetzt kommen sahen, verschwitzt und erschöpft wie wir waren, zögerten sie nicht lange, öffneten uns ihren hauseigenen Brunnen im Hof und ließen uns trinken, soviel und solange wir wollten – ganz nach Herzenslust. Frauen und Kinder standen lachend und aufmunternd um uns herum und freuten sich mit uns. Wasser ist auch gut fürs Herz. Bei denen, die geben, ebenso wie bei denen, die nehmen.

Damals schrieb ich in mein Tagebuch: „Brunnen und Quellen sind doch die kostbarsten Schätze der Wüste. An ihnen entscheidet sich oft Heil oder Unheil, Leben und Tod. Sie sind allerdings so sehr in die Hände der Menschen gegeben, dass diese gewissermaßen mit entscheiden über Leben und Tod.

Wenn sie die Quellen verschließen und ihr Wasser nicht mit anderen teilen wollen, hilft der schönste Brunnen nichts mehr."

Brunnen sind Orte der Begegnung. Sie stiften Gemeinschaft und halten sie zusammen. Für das Weltbild unserer Ahnen waren sie ebenso unverzichtbar. Aus unserer Märchen- und Sagenwelt sind sie so wenig wegzudenken wie aus den biblischen Erzählungen. Nirgends aber haben sie eine ganze Kosmologie derart bestimmt und begründet wie in unserer heimischen Mythologie.

Unsere Vorfahren stellten sich den Kosmos nämlich als einen riesigen Lebensbaum vor. Die immergrüne Weltesche *Yggdrasil*, die Kraft und Lebenssaft aus drei Brunnen bezieht, in deren kühlende Tiefe sie ihre Wurzeln senkt: *Urdbrunnen*, *Mimirsbrunnen* und *Hwergelmir* sind die Namen dieser Brunnen, jeder ist für einen anderen Bereich des Kosmos zuständig, alle zusammen helfen sie, das Gleichgewicht der Welt, wie es im Baum des Lebens symbolisiert ist, aufrecht zu erhalten. Jeder dieser Brunnen bildet überdies das Zentrum einer eigenen Gemeinschaft. Der Urdbrunnen ist zuständig für Menschen und Gottheiten, der Mimirsbrunnen für das Geschlecht der „Riesen", und um den *Hwergelmir* sammeln sich die Toten. Alle drei Bereiche sind keineswegs strikt voneinander getrennt, sondern überlappen und beeinflussen sich fortwährend. Insbesondere ins Totenreich gelangen sowohl Menschen als auch Riesen und selbst – für uns eine ungewöhnliche Vorstellung – Götter.

Der Urdbrunnen ist der älteste, mystischste und daher heiligste von den drei Brunnen. Sein Wasser ist so heilig, dass alle Dinge, die hineinfallen, schlohweiß werden. Bei dieser Quelle steht eine hochgewölbte, von heiligen Wasserfluten umrauschte Felsenhalle. Hier leben die drei Nornen, die „Schicksalsschwestern", und weben die Geschicke aller Menschen zu dem großen farbenfrohen Flickenteppich, den wir Welt nennen. Täglich begießen die Nornen „ihre" Wurzel des Weltbaumes mit dem Lebenswasser vom Urdbrunnen und dazu mit dem Schlamm, der um die Quelle herumliegt und wie ein Dünger wirkt. So bleiben die Zweige der Esche immergrün, saftig und glänzend.

Die Nornen, die man sich als „Riesinnen" vorstellte, sind so alt wie die Welt. *Urd* ist die erstgeborene und mächtigste der drei Schwestern, die dem Brunnen seinen Namen gibt. Ihr Name bedeutet „das Gewordene" oder „das Wort"; und „Wort" wiederum bedeutet etymologisch nichts anderes als Anfang, so dass etwa der Satz „im Anfang war das Wort" eigentlich „doppelt gemoppelt", sprich eine Tautologie ist.

„Tief ist der Brunnen der Vergangenheit", für uns Menschen ist er unauslotbar. Deshalb muss eine Riesin, Symbol für das, was menschliches Fassungsvermögen übersteigt, ihn hüten. *Verdandi*, die mittlere Schwester, verwirklicht, was Urd ausspricht; sie lässt Dinge Gestalt annehmen und gibt ihnen Spielraum, sich in der Welt zu entfalten. Im Gegensatz zu ihrer jüngeren Schwester *Skuld* ist sie gnädig und milde. Skuld bedeutet „das, was wird", sie ist zukunftsbezogen, und in der Zukunft wartet auf alles, was lebt, der Tod als Verwandlung in ein neues Leben.

So sitzen die drei Schwestern am Fuß der Lebensquelle und sind schöpferisch in jedem nur denkbaren Sinn des Wortes. Sie richten und schlichten, sie lohnen und strafen. Sie spinnen und schürzen den Neugeborenen ihre Lebensfäden, seidene und etliche von Gold, und werfen einen schwarzen nach Norden, der unzerreißbar ist, der Leid bedeutet und den Niedergang zu Hel, ins Reich der Toten, wo gleichwohl ein Kelch voll Met, der Trank der Unsterblichkeit, auf die Verstorbenen wartet.

Die Nornen am Urdbrunnen halten den Kreislauf des Lebens in Schwung, der aus Schöpfung, Zerstörung und Neuwerdung besteht, sie personifizieren das Gesetz von Werden und Vergehen, dem sich alle Lebewesen beugen müssen. Selbst die Gottheiten, die am Urdbrunnen ihre Gerichtsstätte haben, sind davon nicht ausgenommen. Jeden Morgen kommen sie an der Quelle zusammen, um sich mit den Schicksalsfrauen zu beraten. Die Gottheiten suchen ihre Weissagungen und Sprüche zu ergründen und halten Gericht im Schatten des heiligen Baumes mit dem Wispern der Quelle im Ohr. Die menschliche Gemeinschaft ist ein Spiegelbild und Abbild der göttlichen (oder umgekehrt). Denn auch die Menschen hielten Gericht am Brunnen unter der (Dorf-)Linde.

Die Sachsen in Holstein nannten die Nornen volkstümlich die „Metten“, die Angelsachsen sagen „Mettena“, und das heißt „die Messenden“, „Abwägenden“ (und hängt etymologisch mit dem Wort „Mutter“ zusammen)! Sie wohnen grundsätzlich an Seen, Weihern oder Teichen. Noch bis ins letzte Jahrhundert hinein sagte man in Holstein „die Metten haben gesponnen“, und meinte damit die feinen Gespinste des Spätsommers, wenn das Feld mit tausend und abertausend Spinnweben überzogen war. „Altweibersommer“ nennen wir das bis heute! Der Volksmund erhob die Nornen schließlich sogar in den Rang von Heiligen: St. Wilbetta, St. Walbetta und St. Einbetta: die Gutes wünschende, die Krieg kündende und die Schrecken sendende. Sie sollen in einem Kloster auf einem Hügel wohnen, der von einem Weiher umgeben ist. Sie spinnen, verleihen Kindersegen und sind Festpatroninnen.

Es lohnt sich, noch einen Augenblick bei der Weltesche zu verweilen, denn sie zeigt sich als Symbol eines ausgeglichenen, Himmel, Erde und Unterwelt umspannenden Wasserkreislaufs, der ein ökologisches Gleichgewicht herstellt und garantiert. Täglich begießen die Nornen, wie wir gesehen haben, die Wurzel des Weltenbaums mit dem Lebenswasser vom Urdbrunnen, wovon die Zweige der Esche saftig und glänzend werden. Vom feuchten Laub steigt Nebel auf, der als Tau und Regen zurück in die Täler fällt, Pflanzen wachsen lässt und so Menschen und Tieren Nahrung spendet, Bäche und Flüsse speist und zuletzt wieder in den Urdbrunnen mündet, von dem er ausging. Im Wipfel dieses Lebensbaumes aber äst beständig der Hirsch *Eichdorn*. Von seinem Geweih tropft Flüssigkeit hinunter bis in den unterweltlichen Brunnen *Hwergelmir*, und von dort wiederum entspringen alle Flüsse der Welt. So zeigt sich, wie alles aufs engste miteinander verbunden ist. Das Wasser aus der Tiefe wird von oben, vom Wipfel des Baumes, wieder aufgefüllt. Dasselbe Wasser durchströmt die seligen Gefilde der Götter ebenso wie die Hallen der Unterwelt und versorgt dazwischen *Midgard*, die Welt der Menschen. Es kommt zu den Verstorbenen wie zu den Lebenden, es macht keinen Unterschied zwischen Gottheiten, Menschen, Tieren und Pflanzen. Sie alle nähren sich aus denselben Quellen, und da diese Quellen heilig sind, haben auch alle Wesen, die daraus trinken und getränkt werden, Anteil an dieser Heiligkeit. Alle sind im selben heiligen Geist, der durch ihre Adern fließt, miteinander verbunden. Eine perfekte „Kommunion", in der alles mit allem verbunden ist und das Göttliche nicht getrennt von Menschen, Tieren, Pflanzen, Erde erfahren wird. Keine Energie geht verloren; alles wandelt sich in einem beständigen Austausch zwischen unten und oben, Schöpfung und Zerstörung.

Die Kräfte der Zerstörung sind Bestandteil des Lebens, und daran ist nichts zu ändern. Verhindern kann man lediglich, dass sie überhand nehmen. Dafür sorgen die drei Brunnen, aus denen die drei Wurzeln der Weltesche täglich ihr frisches Quellwasser beziehen und ihre verbrauchten Energien erneuern. Leben, so wie es hier verstanden wird, kann nicht einfach sich selbst überlassen werden, sondern bedarf zu seinem Gedeihen täglicher, bewusster „schöpferischer" Pflege. Bezeichnend ist nämlich, dass alle drei Urzeitbrunnen von Riesinnen und Riesen bewacht werden. Noch interessanter ist jedoch, dass Götter und Menschen aus derselben Quelle schöpfen: aus dem Wissen der Vorzeit, wie es von den Nornen am Urdbrunnen verkündet und lebendig gemacht wird. In der so genannten „Lieder-Edda", einer Gedichtsammlung aus dem 12. Jahrhundert, heißt es:

Eine Esche weiß ich,
Sie heißt Yggdrasil,
Die hohe, umhüllt
Von hellem Nebel;
Von dort kommt der Tau,
Der in Täler fällt,
Immergrün steht sie
Am Urdbrunnen.
Von dort kommen Frauen,
Vielwissende,
Drei, aus dem Born,
Der unterm Baume liegt:
Urd heißt man eine,
Die andere Verdandi –
Sie schnitten ins Scheit –
Skuld die dritte;
Lose lenkten sie,
Leben koren sie
Menschenkindern,
Männergeschick.

## „Stille Wasser gründen tief": Brunnen als Pforten ins Jenseits

Brunnen, Teiche und Seen waren lange Zeit für viele Menschen die einzige Möglichkeit, „in den Spiegel zu sehen". Die Bilder, die sie uns reflektieren, geben uns zu denken. Der Wunsch nach Erkenntnis kam auf, und so ist es eigentlich nicht verwunderlich, dass Brunnen und Quellen immer auch mit Weisheit (Gedankentiefe) assoziiert wurden. Abgesehen davon, dass die Wasseroberfläche uns ein Bild zurückwarf, verschleierte sie uns auch die wahre Tiefe des Brunnens. Das gab dem Blick in den Brunnen etwas Unheimliches, Unergründliches. Brunnen führen unweigerlich in die Tiefe, womit wir uns auf den Bereich von Tod und Jenseits zu bewegen. Mit dem Märchen von „Frau Holle" bekamen wir schon als Kinder einen Eindruck davon, wie Brunnen das Diesseits mit dem Jenseits verbinden können. Ein Sprung in den Brunnen, und man ist „im Himmel".

„Jenseitig" sind auch die beiden anderen Brunnen, in deren Tiefe die Weltesche *Yggdrasil* ihre Wurzeln versenkt. Da ist zum einen der *Mimirsbrunnen*, der geradezu identisch ist mit Weisheit, denn in ihm sind Scharfsinn und Verstand verborgen. Sein Hüter ist der Riese *Mimir*; in seiner Person verbinden sich Erkenntnis und Erinnerung. *Mimir* heißt nämlich soviel wie Erinnerung. An dieser Quelle finden wir also ein „Riesengedächtnis".

Eines Tages kam der Göttervater Odin höchst persönlich zum Riesen Mimir und verlangte einen Trunk aus dessen Quelle. Er gab ihm dafür im Austausch eins seiner beiden Augen. Mit diesem Auge „schöpft" der Riese seither täglich das Wasser aus dem Brunnen der Erkenntnis. Auch Odin darf nun jeden Morgen aus dem Brunnen trinken, aber er hat seither nur noch ein Auge, weshalb er in Mythen und Märchen oft als einäugiger Mann mit einer schwarzen Augenbinde dargestellt wird. Weisheit hat eben ihren Preis! Die Geschichte zeigt uns den höchsten Gott des germanischen Pantheons als jemanden, dem Innenschau und intuitives Denken so wichtig sind, dass er dafür gerne sogar einen Teil seines klaren, rationalen Denkens opfert. Odin ist nun beinahe so weise wie die Nornen: Mit einem Auge schaut er vorwärts und nach außen, mit dem anderen rückwärts und nach innen. So macht er die Vergangenheit zu einem Teil seiner Gegenwart, hält sie bewusst und vergisst nichts. Erinnerung hält gegenwärtig, was nicht vergessen werden und auch in Zukunft noch Bedeutung haben soll.

Der dritte Brunnen, *Hwergelmir*, bildet die Lebensmitte des Totenreiches, soweit es mit dem Einflussbereich der Göttin *Hel* oder *Halja*, der „Bergenden", verbunden ist. Dieses Totenreich ist bei genauerem Hinsehen ein Reich des Lebens. In seinem

Zentrum steht ein Brunnen, dessen Name übersetzt soviel wie „rauschender Kessel“ heißt. Und diesem „Kessel“ entspringen nicht nur sämtliche Flüsse der Welt, sondern auch die Eisströme des nördlichen Polarkreises, aus denen einstmals die Welt entstanden ist. So ist auch dieser Brunnen direkt mit dem Schöpfungsgeschehen verbunden. Jenseits und Diesseits greifen ineinander. Und auch die Toten, die es zur Hel verschlägt, sind gar nicht „wirklich“ tot, denn dort „unten“, in den Hallen am Fuße des *Hwergelmir*, wartet noch zusätzlich ein Kelch voll Met auf sie, und das ist nichts Geringeres als der Trank der Unsterblichkeit.

Auch im Neuen Testament verdeutlicht die Brunnensymbolik Jesu Lehre von der Unsterblichkeit. Joh 4, 4–42 erzählt davon, wie Jesus am symbolträchtigen, 40 Meter tiefen (!) Jakobsbrunnen einer Samariterin begegnet und sie dort in ein Gespräch über „lebendiges Wasser“ verwickelt: „Jeder, der von diesem Wasser trinkt, wird wieder dürsten, wer aber von dem Wasser trinkt, das ich ihm geben werde, der wird in Ewigkeit nicht dürsten, sondern das Wasser, das ich ihm geben werde, wird in ihm eine Quelle des Wassers werden, das ins ewige Leben fließt.“

Alle Brunnenmythologie hat daher zugleich auch mit der „anderen“ Welt, der Welt des Jenseits zu tun, wo Kräfte wirksam sind, die dem Menschen vorgegeben und von ihm nicht unbedingt zu lenken und schon gar nicht zu beherrschen sind; Kräfte, die man gemeinhin „göttlich“ nennt. Am Fuß solcher Brunnen werden Weisheit und Weissagung oft eins. Denn auch die Weissagung bezieht ihr Voraus-Wissen aus einer „anderen“ Welt, die mit dem bloßen Verstand nicht zu erfassen ist. Ein Raunen des murmelnden Wassers, dessen Mitteilung mehr geahnt als gewusst wird.

Schließlich gibt es noch einen weiteren „jenseitigen“ Aspekt der Wasser-Tiefe: Sie gebiert neues Leben. Man glaubte, dass neues Leben „aus einem anderen Grunde“ stammen musste, den Menschen höchstens manipulieren konnten, der jedoch letztlich „jenseitig“ und damit dem menschlichen Zugriff entzogen ist.

## Lebenspendende Tiefe: Die Quelle des Lebens ist weiblich

Eine wichtige Quelle, in der die Wasser des Lebens sprudeln, ist der Schoß der Frau. In ihm finden wir einen ursprünglichen Kessel oder Kelch der Verwandlung, der von „Säften“ nur so überfließt und den Quellen der außermenschlichen Natur kaum nachsteht. Die weiblichen „Wasser des Lebens“ werden bei jedem Liebesakt aktiv, und auch das Blut der Menstruation fließt, um neuem Leben Platz zu machen. Schließlich das große Wunder, wenn im Schoß der Frau ein Kind heranreift, das sich gebildet hat, weil Mann und Frau ihre „Wasser“ zusammenfließen ließen. Nach der Geburt quillt aus den Brüsten die nährende Milch. Das „Land, wo Milch und Honig fließt“ ist nicht umsonst ein Synonym für Paradies.

Tatsächlich ist auch die Frau der reinste „Lebensborn“, weshalb sie vielen Völkern ein geradezu heiliges Wesen zu sein schien. Die Frau zu achten, war deshalb oberstes Gebot, ebenso wie man die Erde als Göttin verehrte, von deren vielfältigen Hervorbringungen man lebte. Im Inneren der Erde sprudeln Quellen, Seen, Flüsse, von denen sich schlichtweg alles nährt, was auf ihr wächst. „Mutter Erde“ oder „Mutter Natur“ nennen wir sie bisweilen noch heute, weil sich ihr alles Leben verdankt. Zwar könnte auch ohne Sonne nichts aus ihr wachsen, doch erst die Erde verleiht allem konkrete und unverwechselbare Gestalt. Kein Wunder, dass man sich Brunnen, Teiche und Quellen, zumal wenn sie mit den entsprechenden Höhlen und Grotten versehen waren, schließlich wie die Geburtskanäle der Erde vorstellte. Wie in den Mutterschoß kehrte man dorthin zurück, wenn man von schweren Krankheiten geheilt und somit neu geboren werden wollte.

Das Mütterliche ist die Quelle des Lebens, symbolisch wie auch ganz konkret. Im wohltemperierten Fruchtwasser „schwimmen" wir, von unserer Entstehung bis zur Geburt. Und dass wir uns noch als Erwachsene in warmen Quellen und Bädern so wohl fühlen, hängt sicherlich mit dieser Urerfahrung zusammen, wo wir im Wasser sanft geschaukelt wurden und uns rundum geborgen und sicher fühlen durften. In diesen symbolischem Mutterschoß kehren wir gerne zurück, wenn wir uns entspannen und verwöhnen wollen. Die Last der Welt wird uns abgenommen und vom Wasser fortgeschwemmt. Insbesondere sind die Heilquellen und -bäder eine Medizin, die uns von „Mutter Natur" eigentlich freigiebig und kostenlos zur Verfügung gestellt wird. Und wie erwidern wir diese Gabe? – Wir machen ein großes Geschäft daraus, wie wir ja auch die Erde insgesamt in „Grundstücke" aufgeteilt und verkauft haben.

Quellen, Seen und Teiche galten der Antike als heilige weibliche Wesen. Bei uns zu Lande sind noch heute beinahe alle Flussnamen weiblich: die Elbe, die Saale, die Donau, die Ahr, die Nahe, um nur einige Beispiele zu nennen. Selbst „Vater Rhein" hieß ursprünglich noch „Mutter" *Rîn*. Wer darin untertauchte, konnte angeblich durch die Kraft des Wassers sogar sein Geschlecht wechseln. Quellen, Seen und Teiche galten in der Regel als von Nymphen bewohnt; sie waren Sinnbild und Ausdruck der göttlichen Kraft von „Mutter Erde" und ebenso heilig wie sie selbst. Die Nymphen verliehen den Gewässern Seele und Persönlichkeit. „Wasserholden" wurden sie hierzulande auch genannt, womit man auf ihren freundlichen Charakter anspielte. Gleichzeitig waren sie die Wächterinnen von Quellen und Bäumen, die sie vor unrechtmäßigen Übergriffen zu schützen versuchten. Sie erinnerten daran, dass man mit den kostbaren Geschenken der Erde achtsam umgehen müsse. Sie sprachen deutliche Warnungen aus und beschworen die Rache der Göttin auf den Frevler herab für den Fall, dass er von seinem unseligen Tun nicht abließe. Wer beispielsweise eine Nymphe der Demeter beleidigte, indem er einen geweihten Baum fällte oder eine Quelle verschmutzte, musste die Rache der Göttin fürchten. Die warnenden Stimmen der Nymphen wurden bisweilen in den Wind geschlagen, doch das Unrecht wurde beim Namen genannt und die Konsequenzen ließen oft nicht lange auf sich warten. Wir erinnern uns, dass auch „Echo" eine solche Nymphe war. Sie bot Narziss ihre Liebe an, die er in seinem Hochmut verschmähte. Und ist nicht sein späteres Schicksal ein vollkommenes Echo seiner Lieblosigkeit?

Heutzutage sehen wir uns einem Waldsterben und einer Gewässerverunreinigung größten Ausmaßes gegenüber, und auch das können wir als Spiegelbild unserer herzlosen Gesinnung verstehen. Selbst die kostbaren Bäume der Regenwälder werden abgeholzt. Doch hier wie überall gilt: Wo keine Bäume, da kein Wasser, nur mehr Verwüstung und Versteppung. Längst haben wir die Nymphen zum Schweigen gebracht, zarte Geschöpfe, denen in unserer lärmreichen Welt ohnehin niemand mehr zuhören würde. Und nicht einmal die Folgen unseres Tuns wollen wir noch selbst tragen. Wir hoffen, dass die nächste Generation schon damit fertig werden wird.

Eine Erinnerung an die vergangene Macht der Erdgöttin – wenn auch in negativer Form – scheint im übrigen noch das Märchen von „Brüderchen und Schwesterchen" bewahrt zu haben. In dieser Geschichte hat die „böse Stiefmutter" immerhin die Macht, alle Quellen im ganzen Wald zu verzaubern. Wer aus ihnen trinkt, soll in ein Tier verwandelt werden. Zwar murmeln die Wasser ihre Warnung, doch vergebens. „Brüderchen" wird in ein Reh verwandelt. Nicht immer entspricht die Verwandlung unseren Wünschen. Doch selbst aus Schlechten kann Gutes werden, wie auch der Fortgang dieses Märchens zeigt.

## Die Alte mit dem Wasser des Lebens: „Frau Holle“

Die Gottheiten der alten Religion werden bekanntlich meist zu den Teufeln der neuen. Im Christentum war für eine Göttin kein Platz mehr. In den Märchen wurde sie deshalb häufig zur Stiefmutter und damit prinzipiell böse. Ein Grund mehr, sie zu bekämpfen. Eine Gestalt, die dagegen seit unserer Kinderzeit positiv besetzt ist, verehren wir populär unter dem Namen „Frau Holle“ oder „Holda“. Auch in unserer heimischen Mythen- und Märchenwelt war die Vorstellung verbreitet, Brunnen, Seen und Teiche seien so etwas wie die Geburtskanäle der Erdenmutter. In der Gestalt der Frau Holle nahm sie menschliche Züge an.

Frau Holle, so erzählte man sich, wohnt unter Wasser, aber auf einer blühenden Wiese. Von dort regelt sie den gesamten „Haushalt“ des Lebens. Sie hütet die Seelen der Ungeborenen und reicht sie, wenn die Zeit reif ist, durch ihre Brunnen herauf in die Welt der Menschen. Hebammen „fischen“ neugeborene Kinder aus „Frau Hollenteich“, sagte der Volksmund. Umgekehrt kehrten früh verstorbene Kinder auch in den Schoß der Erdmutter zurück. Sie hatten es gut bei ihr, und sie sorgte für sie mindestens so gut wie ihre menschliche Mutter, der das Wissen um diese „andere“ Mutter im Jenseits ein Trost in ihrem Kummer war. In der Geschichte vom „Tränenkrüglein“ sieht eine Mutter in einem Traumbild, wie gut ihre kleine Tochter bei Frau Holle aufgehoben ist und dass es allein ihre Tränen sind, die das Kind in dieser neuen Welt belasten. Solange die Frau weint und trauert, muss das Kind ihre Tränen in einem ständig überlaufenden Krüglein mit sich tragen und kann deshalb nicht Anschluss halten an seine lustig umherspringenden Spielkameraden. Als die Mutter das sieht, ist sie getröstet und weint nicht mehr, denn sie will ja, dass ihre Tochter dort drüben glücklich ist.

Alles, was die Menschen zum Leben brauchten, reichte Frau Holle durch ihre Brunnen nach oben. Sogar die blaue

Blume des Flachses ist ihre Gabe, aus der nach einem langwierigen Verarbeitungsprozess schnee- oder blütenweißes Leinen werden sollte. Frau Holle gilt daher als Stifterin des Flachsanbaus, der den Menschen ein reiches Auskommen sicherte.

Flachs aber muss gesponnen werden. Spinnen und Weben wiederum sind genuin und ausschließlich von Frauen auszuführende Tätigkeiten, durch die sie wie an einer Nabelschnur mit ihrer jenseitigen Mutter verbunden bleiben. Interessanterweise hat gerade das Spinnen einen direkten Bezug zum Wasser. Unzählige Frauen drehen ihre Spindel an Brunnen und Teichen oder Eislöchern. Das rhythmische Drehen der Spindel war ohne Zweifel trancefördernd und machte Visionen und Offenbarungen möglich, die dem irdischen Leben eine neue Richtung geben können. Das grimm'sche Märchen von „Frau Holle“ kann in dieser Hinsicht durchaus als prototypisch gelten. Bei ihrem freiwillig-unfreiwilligen „Besuch“ lernt das Mädchen die Jenseitsmutter in allen Tätigkeiten kennen, mit denen sie unsere Welt am Leben hält.

In der Tat, Frau Holle ist so etwas wie die hiesige „Ereschkigal“. Auch ihre guten Gaben verdichten sich in Wasser und Brot. Sie besaß überdies den Sagen zufolge einen riesigen unterirdischen Pflug, mit dem sie das Erdreich von unten lockerte und beackerte, damit es empfänglicher würde für die Samen der Pflanzen, die man von oben hineinlegte. Schließlich sorgte sie dafür, dass es schneite, womit sie den Wasserkreislauf wieder schloss. Diese Schneedecke verschaffte der Erde zugleich eine Ruhepause. Während dieser Zeit der unterirdischen Ruhe, so sagte man, pflanzte Frau Holle dann jeder Blume den Traum vom Frühlingshimmel ins Herz.

Zahlreiche Brunnen, die sich bis heute genau lokalisieren lassen, waren „Frau Holle“ geweiht. Im Kuniberts-Brunnen bei Köln, im Harz unter der Teufelsbrücke an der Rosstrappe, am Meißner in Hessen, unter dem Brunnen der Spilaholle in Schlesien, im Quickbrunnen zu Dresden lokalisierte man ihre hell erleuchtete, warme Wohnung. Dort in der Tiefe hegt sie ihre Gärten und Wiesen, wo die Ungeborenen ohne Verlangen nach der irdischen Welt fröhlich spielen und sich aus den Blumenkelchen an Honigsaft laben (wer dächte dabei nicht an Nektar und Ambrosia der Unsterblichen?). Frauen, die zu ihr in den Brunnen steigen, macht sie gesund und fruchtbar. Auch „die Sache mit dem Storch" wird von hier aus verständlich. Nicht die leibhaftigen Kinder bringt er ans Licht der Welt, sondern ihre Seelen, sobald sie den Wunsch verspüren, sich mit einem Körper zu verbinden. Eine vom Reinkarnationsgedanken her durchaus – wieder – moderne Vorstellung. Noch im 19. Jahrhundert hatte fast jede Stadt einen so genannten „Kinderbrunnen", aus dem der Klapperstorch die Kinderseelen heraufholen sollte, ehe sie Mensch werden konnten. Über den Quickborn in Dresden, dessen Wasser Kindersegen verleihen sollte, baute man sogar eine Kapelle mit einem Storch auf dem Giebel. Sie ist der Jungfrau Maria gewidmet, wie auch der folgende Kinderreim erkennen lässt:

Storch Storch Steine
Mit den langen Beinen,
Mit dem kurzen Knie;
Jungfrau Marie
Hat ein Kind gefunden
In dem gold'nen Brunnen,
War in Gold gebunden.

Ganz besonders aber hat „Frau Holle" die Landschaft um den hessischen Meißner geprägt, der seine Wasser zu gleichen Teilen ostwärts zur Werra und westwärts zur Fulda entsendet. An seiner felsigen Ostwand hat sich im blauen Basaltgeröll eine grüne Schüssel gebildet. Hier rinnt der „Godesborn" über die Moorwiese in einen kleinen See, den man von alters den Frau-Holleteich nennt. Dieser Teich soll unermesslich tief und der Eingang zu Frau Holles unterirdischem Garten und Schloss sein. Kinderlose Frauen sollen in diesem Waldweiher gebadet haben und alsbald zu glücklichen Müttern geworden sein. Zuweilen, an heißen Sommertagen, ist sie dort als schöne weiße Frau einsamen Wanderern erschienen, die dann aus dem Teich ein Glockengeläut wie aus einer anderen Welt vernahmen. Das ganze mächtige Bergrevier galt als ihr Gebiet. Auch aus der Westwand springt zwischen den Basaltsäulen ein kristallener Quell zu Tal. Daneben ist ein Felsloch im Berg, das man seit alters die Kitzkammer nannte. In dieser Höhle hat Frau Holle einst ihre heiligen Katzen gehalten, die im Volksmund als Kitze bezeichnet wurden. Hier ist sie oft als hohe weiße Frau mit einem Schlüsselbund oder als wilde Katze erschienen, und immer war ihre Erscheinung von Musik begleitet. Sie konnte riesenhafte Gestalt annehmen, wenn sie weit her von Berg zu Berg schritt, ohne die Täler zu berühren. Einmal kehrte sie von einem solchen Ausflug zurück zum Meißner und verspürte einen Druck im linken Schuh. Müde vom weiten Wandern setzte sie sich auf einen Berg und zog ihn aus. Da fiel ein Stein heraus, und das war der große Felsblock, der noch heute bei Reichensachsen zu sehen ist. Er heißt die Blaue Kuppe. Am Südhang des Meißners aber erkannte man den großen „Frau-Hollen-Stuhl", ein ausgehöhlter Steinblock mit einer Rückenlehne aus Basalt. Hier sah man einst Frau Holle, die Schirmherrin der Neuvermählten, selber sitzen. Sie kämmte ihre goldenen Haare und sang. Wer sich aber nach ihr auf diesem Stuhl niederlässt, der soll von all seinen Gebrechen genesen.

Es versteht sich von selbst, dass man eine solch heitere und segensreiche Gestalt auch direkt mit dem Wasser des Lebens in Verbindung brachte, das von aller Krankheit heilte und selbst Tote wieder lebendig machen konnte. Geschichten wie „Die Alte mit dem Wasser des Lebens" geben davon ein beredtes Zeugnis. Diese und noch viele andere Geschichten wurden traditionell vor allem in den zwölf Rauhnächten erzählt, dieser dunkelsten und zugleich geheimnisvollsten Zeit des Jahres, wenn Frau Holle oder Berchta als Schimmelreiterin und Weihnachtsfrau durch die Lande zog und die Menschen besuchte: „Und wo sie fährt, da wird beschert", so hieß es damals. Die Geschichten um Frau Holle vermitteln allesamt einen umsichtigen und rücksichtsvollen Umgang mit der Natur, die Quelle unseres Lebens bleibt. Obwohl in märchenhafter Form erzählt, setzten sie durchaus hohe ethische Ansprüche und Maßstäbe.

# 5

# Von heiligen und heilenden Quellen der Weisheit

## Wasser inspiriert zu Traum, Trance und Vision

Als ich für die letzten Semester meines Studiums nach Tübingen kam, fand ich dort ein kleines Zimmer mit zwei schmalen Fenstern zum Neckar, in unmittelbarer Nähe vom Hölderlinturm. Und obwohl dieser Raum winzig war, wog der tägliche Blick auf den Fluss alle Einschränkungen auf, die sonst noch damit verbunden waren. Selbst nach dem Examen konnte ich mich nur schwer entschließen, das Zimmer aufzugeben, obwohl es schon „aus allen Nähten platzte" und ich kaum noch wusste, wohin mit meinen vielen Büchern und Ordnern. Der Blick auf ein ziehendes Gewässer, das Lauschen auf das Murmeln einer Quelle, eines Baches, das rhythmische Schlagen oder Plätschern von Wellen an ein Ufer – das alles ist von ausgesprochen beruhigender Wirkung, die fast selbst schon Arznei ist. Nicht umsonst werden heute Zimmerbrunnen eingesetzt, mit deren Hilfe wir uns diese wohltuende Wirkung fließender Gewässer in Haus holen wollen. Der Fluss scheint unsere Sorgen mit sich fortzutragen, das gleichmütige Plätschern von Wellen wie auch das Murmeln von Bächen oder Quellen hat eine regelrecht entspannende und trancefördernde Wirkung. Es versetzt uns in einen Zustand, in dem wir loslassen können. Unvermittelt kommen wir ins Träumen ... Die trance- und traumfördernde Wirkung von Brunnen und Quellen war auch bei den antiken Orakelstätten von großer Bedeutung. Auch die großen christlichen Wallfahrtsorte sind im Zusammenhang mit Quellen entstanden, deren heilsame Wirkung man bereits

erfahren hatte. Im direkten Kontakt mit dem Wasser – sei es, dass wir im Meer schwimmen, uns in ein heißes Bad legen oder uns von einen Wasserfall massieren lassen (um nur einige der vielfältigen Möglichkeiten zu nennen) – wird die Stimme der Vernunft, die sonst unser Leben allzu oft bestimmt, leiser. Wir werden offen für eine andere Welt, Gefühle können wieder strömen, Verkrampfungen lösen sich, die Fantasie beginnt sich zu regen, wir kommen „auf andere Gedanken", es wird uns leicht ums Herz, Verwandlung zum Besseren wird möglich. Selbst schon eine kleine Dusche kann da wahre Wunder wirken. In Zeiten von Prüfungsstress etwa habe ich mit Duschen immer die besten Erfahrungen gemacht. Sobald mir das warme Wasser über Kopf und Schultern rinnt, kommen mir die schönsten Einfälle. Kaum der Wanne entstiegen und oft noch tropfnass, muss ich dann schon nach dem nächsten erreichbaren Stift greifen, um einen Teil des Sturzbachs zu Papier zu bringen, der so schnell hervorbricht, dass ich mit dem Schreiben manchmal kaum nachkomme. Ein kleines Wunder, so scheint es mir jedes Mal. Auch Gefühlsverwirrungen lassen sich so lösen, Tränen werden möglich, die Gefühlsblockaden lösen. Er oder sie hat „nah am Wasser gebaut", sagen wir von einem Menschen, der leicht in Tränen ausbricht. Im Grunde eine gute Möglichkeit, sich von Spannungen zu befreien und deshalb keineswegs etwas, was man bespötteln sollte. Beim Volk der Hopi in Arizona zum Beispiel ist es Brauch, sich die Haare zu waschen, wenn man sein Herz in Ordnung bringen will.
Wasser hat sowohl eine auflösende als auch eine reinigende Wirkung, und meistens hängt das eine mit dem anderen zusammen. Deshalb fühlen wir uns wie neu geboren, wenn wir aus dem Wasser steigen. Taufrisch und rein, auch in geistiger Hinsicht. Eine Symbolik, die ja auch im christlichen Taufritus enthalten ist, der die Wiedergeburt „im Geist und in der Wahrheit" darstellen soll. Das weiße Kleid des Täuflings soll dieser neuen – von Sünden gereinigten – Seinsweise Ausdruck verleihen. Bei der Erwachsenentaufe der frühen Christen, die ein

vollständiges Untertauchen verlangte, war man sich dieser symbolischen Zusammenhänge sicherlich noch stärker bewusst. Es gab Taufbecken, die man von West nach Ost durchschritt, in Richtung der aufgehenden Sonne. Stufen führten von Westen in die Tiefe und von dort im Osten wieder hinauf. Neu geboren trat man ins Licht der Welt, eine Auferstehung im Kleinen (die wir im Grunde immer erleben können, wenn wir uns intensiv dem Kontakt mit Wasser aussetzen), die durch den Ritus überhöht, kulturell anerkannt und dadurch auch offiziell ge-heil-igt wurde. Das gibt der Einzelerfahrung kollektive Gültigkeit und verleiht der Alltagserfahrung einen tiefen spirituellen Sinn.

Wasser kann also auf vielerlei Arten heilen:
Im direkten Kontakt, durch Bad und Reinigung und die wohltätige Wirkung des Untertauchens, die Gedanken und Gefühle neu in Fluss bringt.

- Indem es uns auf andere Gedanken bringt: Das Murmeln einer Quelle, der Blick auf einen See oder Fluss „verleitet" uns zu Trance, Traum und Vision.
- Indem es unserem Leben eine andere Richtung gibt – was den Bereich von Mantik, Orakel und Zukunftsdeutung berührt.
- Häufig, wie wir insbesondere an den Asklepios-Heiligtümern sehen werden, war das eine mit dem anderen sogar direkt und in schöpferischer Weise verbunden.

Den verschiedenen Möglichkeiten der Heilung entsprachen – mit ihren je unterschiedlichen Ausrichtungen – auch die antiken Quellheiligtümer, die wir im Folgenden kennen lernen werden.

## „Sprechende" Quellen, „verjüngende" Brunnen: Berühmte Quellheiligtümer der Antike

Wasser ist immer Ort der Verwandlung. Am Wasser werden Menschen zu Tieren und umgekehrt Tiere zu Menschen. „Wer aus mir trinkt wird ein Reh", heißt es im Märchen von „Brüderchen und Schwesterchen". Eine unheimliche Vorstellung. Dann schon lieber ein Jungbrunnen, in dessen Fluten man von den Gebrechen des Alters geheilt wird und davonspringt „wie ein junger Hirsch". In den meisten Fällen ist Verwandlung gleichbedeutend mit Heilung, Verjüngung gleichbedeutend mit Gesundung.

In Verbindung mit heiligen Quellen und Brunnen tauchen immer wieder gewisse Kernthemen auf: Es geht um tiefes Wissen, Zukunftsdeutung, Verbindung zu den Ahnen (auch dem, was ge„ahnt" wird), um Poesie und schöpferischen Ausdruck oder um Heilung, Verwandlung, Wiedergeburt und Unsterblichkeit, Quellen, die unserem Leben auch in psychologischer Hinsicht Sinn und Tiefe geben. Was als innere Qualität angestrebt wurde, fand man in der äußeren Welt in Form von geweihten Orten und kultischen Institutionen gespiegelt. Durch die Kultlegenden wurden Geist und Seele zusätzlich animiert, mittels Traum, Phantasie und Vision mit einer Welt in Kontakt zu treten, die voll wundersamer und zauberhafter Ereignisse war. So wurde es leichter, auch das eigene Leben wieder dem Wunder zu öffnen, das (bisweilen mit einem heiligen Schauer verbundene) Gefühl auszukosten, dass jederzeit wunderbare Dinge auf uns zukommen können, die uns und alles um uns herum verwandeln. Dazu war es allerdings nötig, sich zunächst selbst in einen Zustand der Empfänglichkeit zu versetzen. Und auch dazu war das Wasser aus den Brunnen unverzichtbar. Um offen zu werden für den Geist einer anderen Welt, die man mit dem Heiligtum betrat, musste man sich reinigen, was einem Abstreifen der (alten) Alltagshaut gleichkam. Man musste hinter sich lassen, was Quelle der Verwirrung und damit Anlass war, das

Heiligtum überhaupt aufzusuchen. Hier sieht man, wie eng ursprünglich Reinigung und Heilung miteinander verwandt waren. Indem man ins Wasser tauchte oder sich damit besprengte, wurde – auch auf der symbolischen Ebene – Altes, Verkrustetes abgestreift und neu in Fluss gebracht. Auf diese Weise hat jedes noch so profane Bad immer eine belebende Wirkung. Selbst die Götter betraten den Olymp nicht, ohne sich vorher mit Wasser zu besprengen. Durch solche Reinigungszeremonien wuschen sie auch etwaige Freveltaten ab, die sie begangen hatten, und durften sich danach wie neugeboren und ohne Schuld fühlen.

Orakelstätten, mit deren Hilfe man einen Blick auf zukünftige Möglichkeiten wagen wollte, waren ohne Quellen oder Teiche schlechthin nicht denkbar. Indem sie Menschen anzogen, die dort Hilfe erhofften, wurden viele der bis auf den heutigen Tag berühmten Quellen im Laufe der Jahre so etwas wie Institutionen, zu denen man regelrechte Wallfahrten unternahm, insbesondere dann, wenn man seinem Leben eine neue Wende geben wollte. Berühmte christliche Wallfahrtsorte wie Lourdes oder Kevelaer, ganz zu schweigen von den Jordanquellen im Norden Israels, erfüllen heute noch eine ähnliche Funktion. Aber auch Städtenamen wie Heilbronn, Heilbrunn, Heilborn, Marienborn, Heiligenbrunn erinnern noch heute an die machtvolle Wirkkraft der Quellen. Und auch die folgenden Namen sind uns noch immer ein Begriff: *Asklepios* (lat. *Aesculap*), *Sibylle* und *Pegasus*. Auf *Asklepios* führt sich bis heute der Ärztestand zurück, unter dem Zeichen des *Pegasus* werden noch immer Schriftstellerkongresse abgehalten, nur bei *Sibylle* wissen wahrscheinlich heute die Wenigsten, dass dies in früheren Zeiten kein Eigenname, sondern eine Institution war: Sibyllen waren von Beruf Seherinnen und „Wahrsagerinnen" bzw. Orakeldeuterinnen.

Den oben genannten Grundthemen entsprechen auch die Namen der Gottheiten, deren Kultlegenden wir uns im Folgenden zuwenden wollen und in denen das Wasser auf die ein oder andere Weise von großer Bedeutung ist.

– Asklepios: Heilung, Wiedergeburt
– Sibylle(n): tiefes Wissen, Zukunftsdeutung
– Pegasus: Poesie und andere „musische" Täigkeiten

### *Heilquelle und Jungbrunnen: Heilung als Wiedergeburt bei Asklepios*

Asklepios oder Aesculap, der Gott der Heilkunst, ist uns bis heute ein Begriff; genauso wie sein Schlangenstab, der noch immer das Wahrzeichen der Ärzte und Apotheker ist. Dieser Schlangenstab war ursprünglich ein Baum, der von einer Schlange umwunden war. Auf Darstellungen verkleinert, wurde er oft auch als Lebenskraut gedeutet. Das Kraut der Unsterblichkeit, um das die Menschen sich in ihrem Wunsch nach Dauer und Ewigkeit immer wieder vergeblich bemüht hatten, ist den Schlangen gleichsam in den Schoß gefallen. Wer kennt nicht die Geschichte von Gilgamesch, jenes prototypischen Menschen, der auszog, unsterblich zu werden. Nach langer Mühsal gelingt es ihm sogar tatsächlich, das Lebenskraut in seine Hände zu bringen. Diese Pflanze heißt bezeichnenderweise: „Jung wird der Mensch als Greis!" Doch kurz bevor der Held sich am Ziel aller Menschheitsträume befindet, will er sich noch schnell im kühlen Wasser eines Brunnens den Staub der langen Reise abwaschen. Als er zum Brunnen hinuntersteigt, wird eine Schlange vom Duft des Gewächses angezogen. Heimlich, still und leise kommt sie herauf, und in einem Moment der Unachtsamkeit frisst sie dem Helden das Unsterblichkeitskraut, um das er so aufopferungsvoll gekämpft hat, buchstäblich vor der Nase weg. Noch während sie zurückkriecht, wirft sie schon ihre Haut ab und verjüngt sich. Seither, so heißt es, sind die Schlangen unsterblich, die Menschen aber haben das Nachsehen.

Im Grunde sind Schlangen wohl eher so etwas wie die „Quintessenz" des Wassers. Sie wohnen nicht nur im Wasser oder verstecken sich in seiner Nähe, vielmehr sind es die Wellen selber, die sich kräuseln und „schlängeln". Flüsse schlängeln sich durch Landschaften, Mäander sind Zierbänder in Wellen- oder Schlangenform, die sich auf alten Mosaiken, Fresken und Gemälden finden, und *Mäander* war einstmals der Name eines Flusses in Kleinansien. Die Vorstellung vom unsterblichen Leben der Schlange verweist somit symbolisch direkt auf die lebenspendende Qualität des Wassers. So wie die Schlange ihre Haut abwirft, so streifen auch wir die Haut bei jedem Bad ab. Die alten Hautpartikel hinterlassen einen Schmutzrand in der Wanne, und auch beim Abrubbeln bleiben kleine Hauttröllchen im Handtuch zurück. Wir fühlen uns „wie aus dem Ei gepellt". Ein Viertelblättchen vom Lebenskraut müssen wir wohl doch erwischt haben.

In Griechenland war Epidaurus Hauptkultort des Gottes der Heilkunst, doch kannte die Antike weltweit mehr als 400 Asklepios-Heiligtümer. Neben der Schlange war vor allem der Hund das Tierattribut des Gottes. Beide Tiere galten der antiken (indogermanischen) Welt als Seelenführer im Jenseits. Durch diesen Bezug zur Unterwelt erklären sich auch die wahrsagerischen Fähigkeiten des Asklepios. Bei der Gründung neuer Tempel erfolgte die Kultübertragung fast immer durch die Überführung einer heiligen Schlange von Epidaurus, meist zusätzlich durch einen Traum legitimiert:

> Sie sagen auch, dass sie aus ihrer Heimat Epidauros eine Schlange mitgebracht hätten, welche hier aus dem Schiff entwichen und am Strand in der Erde verschwunden sei. Und so fanden sie es im Hinblick auf die Visionen, die sie in ihren Träumen gehabt hatten, und auf das Omen der Schlange gut, sich hier niederzulassen und zu wohnen. Wo die Schlange in die Erde verschwunden war, sind Altäre für Asklepios, und Olivenbäume umstehen sie. (C. A. Meier, S. 25)

In den Erzählungen erscheint der Gott selbst als riesige Schlange mit feuersprühenden Augen. Was nicht recht zu seinem Namen „der unermüdlich Sanfte" passen will. Eher passt dieser Name zu seiner sanfthändigen Gefährtin *Hygieia* (auf die unser Wort Hygiene zurückgeht); ihr sagte man eine besonders gute Beziehung zur Asklepios-Schlange nach, die auf Darstellungen im Heiligtum oft von ihr gefüttert wird. Die enge Beziehung von Frau und Schlange und Leben(swasser) ist weltweit zu beobachten und dürfte uns nach dem, was oben über die Frau als Quelle des Lebens gesagt wurde, nicht weiter verwundern. Infolge ihrer periodischen Häutung galt die Schlange weltweit als Symbol der Lebenserneuerung, die ihr Pendant im Lebenswasser findet und in der (Wieder-)Geburt aus dem Schoß der Frau konkret wird.

Regelrecht dramatisch gestaltet sich die Überführung des Asklepios nach Rom, wie sie uns von Ovid überliefert wird. In Rom wütete einst eine schreckliche Pest, und das Orakel zu Delphi riet, den Gott der Heilkunst direkt an den Tiber zu holen. In Epidauros war man allerdings keineswegs begeistert, den Gott „herzugeben". Da erschien der Gott einem der Delegierten selbst im Traum und sprach zu ihm, er werde sich in eine Schlange verwandeln und als Heilbringer der Stadt nach Rom reisen, wo er schließlich wieder seine Göttergestalt annahm und der Pest ein Ende bereitete.

Im Tempel zu Epidauros wurden stets mehrere gezähmte Schlangen gehalten. Wird der Gott mit menschlichen Zügen dargestellt, dann ruht seine Hand auf dem Kopf einer Schlange oder er stützt sich auf einen Schlangenstab. Und auch dieser Stab war eher Baum als Wanderstecken. Die zum Heiligtum gehörigen Bäume waren vorwiegend orientalische Platanen, von denen es heißt, dass die heiligen Quellen aus ihrem Wurzelwerk herausquollen. Und auch die zahmen Schlangen waren meist Baumschlangen, so dass sich eine enge Beziehung von Baum, Schlange und Wasser ergibt, allesamt Symbole unsterblichen Lebens.

Wasser spielt in den Asklepios-Heiligtümern von Anfang an eine große Rolle. Heilige Quellen gehören zum unverzichtbaren Bestandteil des Kultes. Die labyrinthisch angelegten Untergeschosse der Rundbauten wurden zudem künstlich von Wasser durchflutet. Dabei handelte es sich interessanterweise niemals um Mineral- oder Thermalwässer. Ebenso wenig gab es im heiligen Bezirk Ärzte oder wurde überhaupt Medizin betrieben. Heilung geschah allein dadurch, dass man im Heilraum schlief und einen Traum hatte, aus dem man gesundet erwachte. Dazu lag man – nach zuvor vollzogener ritueller Waschung – im Tempel auf einem Lager, der so genannten *kline*, von der unsere Kliniken nur mehr den Namen behalten haben. Dieses „Lager" wurde auch *enkoimeterion*, Schlafplatz, genannt, und daher stammt das französische Wort für Friedhof, *cimetière*! In der Tat, der Schlaf ist der Bruder des Todes. Im Traum besuchen wir die jenseitige Welt und – was noch viel wichtiger ist – kommen die „Jenseitigen" zu uns und teilen uns ihr Wissen mit, das an keine Grenze von Raum und Zeit gebunden ist. Die Geheilten waren verpflichtet, ihre Träume aufzuschreiben, um sie sozusagen „über die Schwelle" ins Bewusstsein zu holen. Nach einem Dankopfer an den Gott wurden sie aus dem Tempel entlassen.

Bäder galten in den Asklepios-Heiligtümern vor allem als (Heil-)Traumbewirker. Durch Bäder, d.h. durch kultische Reinigungen, wurde die Seele aus schädlichen Verstrickungen mit dem Körper gelöst. Danach war sie frei für eine Begegnung mit dem Gott, bereit für unbeschränkte Traumerlebnisse oder Visionen, die zum Heilungsprozess genauso unabdingbar dazugehörten wie Musik, die als krankheitsbrechend galt. So erhebt Orpheus beispielsweise den Anspruch, durch seinen Gesang als erster die Reinigung von unheiligen Werken und dadurch die Heilung von Krankeiten erfunden zu haben. Auf die reinigende Kraft der Musik wurde in den Asklepieien ebenso viel Wert gelegt wie auf das Ein- und Untertauchen in der Quelle. Das reinigende Wasser lässt uns hautnah und praktisch erfahren, worum es bei unserer eigenen Gesundung geht: Wie die Schlange ihre Haut abwirft, so sollen wir uns von der Krankheit loslösen und dadurch „neu" werden. Das rituelle Bad erhielt so die Bedeutung eines freiwilligen Todes, die Heilung wurde entsprechend als neue Geburt gefeiert.

### *Es raunt das murmelnde Wasser: Sibyllinische Orakel*

Das Wort *Sibylle* bezeichnete den im antiken Griechenland üblichen Beruf der Seherin. Noch im römischen Reich waren die Sibyllen als Prophetinnen bekannt, die sogar von der Kirche geschätzt wurden, weil man ihre Weissagungen auf Christus beziehen konnte. In Rom soll die Sibylle von Tibur dem Kaiser Augustus in einer Vision am Himmel die heilige Jungfrau mit dem göttlichen Kind neben einem Altar gezeigt haben, womit sie ihn auffordern wollte, dort eine Kirche zu bauen. So entstand die Kirche Santa Maria in Aracoeli, zu der noch heute eine steile Freitreppe hinaufführt, direkt neben dem Kapitol. Des Weiteren kennen wir Michelangelos Sibyllen in der Sixtinischen Kapelle des Vatikans oder Raffaels Sibyllendarstellung in der Kirche Santa Maria della Pace in Rom oder – im näheren Umkreis – die Sibyllen aus dem Chorgestühl des Ulmer Münsters (1460–1474 erbaut). Die dreizehnte der „Ulmer" Sibyllen wird übrigens mit der Königin von Saba identifiziert, jener weisen Frau, der König Salomo einst das „Hohelied der Liebe" gewidmet haben soll. Sie hat interessanterweise einen Enten- oder Schwanenfuß!

Neben den großen, weltweit berühmten Sibyllen gab es auch fast so etwas wie Lokalsibyllen, etwa die Sibylle von der Teck auf der Schwäbischen Alb. Der Name der Sibylle von der Teck und das so genannte Sibyllenloch verweisen möglicherweise auf eine weissagende Priesterin, die einstmals in den Höhlen der Teck dem Heiligtum einer alten Göttin vorstand. Auch soll, der Sage zufolge, eine Ente vom Sibyllenloch durch unterirdische Gänge in zwei Stunden bis zur Gutenberger

Höhle geschwommen sein, die ihren Namen von den „guten Göttern“ hatte, die als „Goden“ die Menschen unter ihre Fittiche nahmen! Diese Verbindung zur Welt unterirdischer Quellen war für jede Orakelstätte unverzichtbar. Auch von der Grotte der wohl ältesten Sibylle, der Sibylle von Kyme, oder Cumae, führten unzählige Gänge in die Erdentiefe, ja sogar in die Unterwelt selbst, wie uns wiederum Ovid berichtet. Eine warme Quelle beim Averner See wird noch heute als das „Bad der Sibylle“ bezeichnet. Der römische Dichter Vergil beschreibt sie als Eingang zur „Unterwelt“, in der die verzückte Seherin, die in der Grotte Schicksale verkündet, in Trance weissagt.

Doch zurück zur Sibylle von der Teck, die einst den Menschen ihr Geschick deutete. Von ihr erzählt man sich Folgendes:

> Tief unten im Sibyllenloch am Fuße des Teckfelsens hauste die Sibylle. In ihrem unterirdischen Schloss hielt sie ungeheure Schätze an Gold und Edelsteinen verborgen: gemünztes Silber und Silbergerät, herrliche Ringe, Goldbarren, köstliche Edelsteine der verschiedensten Farben und Arten, Perlen und prunkvolle Kleinodien, darunter ein herrlicher Halsschmuck, der „glänzender als der Mond und leuchtender als die Sonne“ gewesen sein soll. All diese Reichtümer wurden in ihrer geheimen Schatzkammer von einem riesigen schwarzen Pudel mit feurigen Augen bewacht.
>
> Sie war eine schöne und weise Frau. Sie wusste um alle Dinge und sah die Zukunft voraus. Den Menschen im Tale tat sie Gutes, wo sie nur konnte. Vielen, die sie um Rat baten, half sie in der Bedrängnis, und kein Armer, der sich in seiner Not an sie wandte, stieg vergeblich den steilen Weg zu ihr empor. (nach Früh, 1988, S. 111 f. und Koch, S. 5 ff.)

Die Sibylle von der Teck war wohl ursprünglich eine alemannische Segens- und Schicksalsgöttin. In seiner erhellenden

Studie „Der Sagenkranz um die Sibylle von der Teck" leitet Walter A. Koch den Namen der Teck vom keltischen Wort „tec" – schön – ab und erklärt: „‚Die Schöne' war eine keltische Göttin." Noch heute gibt es auf dem Hohenrechberg in der Nähe der Teck die Wallfahrtskirche der „schönen Maria auf dem Hohenrechberg".

Von weither sollen die Menschen gekommen sein, um auf der Teck Orakel von der Sibylle zu empfangen. Sie besaß alles geheime Wissen; daher kannte sie die Schicksale der Menschen und die Zukunft der Welt. Leider ist von ihren alten Prophezeiungen nur eine einzige erhalten geblieben. In dieser heißt es, die Welt werde nicht untergehen, bevor nicht alle zwölf Sibyllen der Vorzeit wiedergekehrt sind.

### *Pegasus, Quell der Musen*

Um die Geschichte dieser wundersamen Quelle zu verstehen, die noch heute Dichter und Denker beflügelt und nach der sogar ein Literaturpreis, der „Irseer Pegasus", benannt ist, muss man ein bisschen weiter und tiefer ausholen. Pegasus, in dessen Name das altgriechische Wort *pegä* für „Quelle" enthalten ist, hatte eine nicht weniger berühmte Mutter. Und das war die Gorgo Medusa, einstmals verehrt wegen ihrer unvergleichlichen Schönheit:

> „Sie war wegen ihrer Schönheit hoch berühmt und die Hoffnung vieler eifersüchtiger Freier. Doch nichts an ihr war schöner als ihr Haar. Poseidon, der Beherrscher des Meeres, soll sie im Tempel der Athene geschändet haben. Um dies nicht ungestraft zu lassen, verwandelte die Göttin das Haar der Gorgo in hässliche Schlangen, deren Anblick ihre Feinde vor Schreck erstarren lässt." (nach Ovid, „Metamorphosen" IV 770 – 803)

Eine erkennbar patriarchalische Mythe, wird doch hier die Schandtat nicht am männlichen Verursacher, sondern am weiblichen Opfer bestraft. Perseus, der Held, dessen Name „Zerstörer" bedeutet, zieht aus, um die Gorgo Medusa zu erschlagen. Mit Athenes Hilfe gelingt es ihm, sie zu enthaupten, während sie in tiefem Schlaf liegt. Dabei schaut er sie nicht direkt an, sondern nur ihr Abbild, das sich auf der glänzenden Bronze seines Schildes spiegelt.

Aus dem Blut der Medusa entspringt auf wundersame Weise das geflügelte Pferd Pegasus. Mit seinem harten Hufschlag stampft es alsbald eine Quelle aus der Erde! An dieser Quelle leben die sangeskundigen Musen. Eines Tages sucht Athene den Ort auf, um sich mit eigenen Augen von dem Wunder zu überzeugen:

> „Zu Ohren kam mir die Kunde von der neuen Quelle, die der harte Hufschlag des aus dem Blut der Meduse entstandenen Flügelpferdes entspringen ließ. Sie ist der Grund meines Kommens; ich wollte das Wunder schauen; sah ich doch das Ross aus dem Blut seiner Mutter entstehen." Uranie versetzt: „Welcher Grund auch dich, Göttin, in unser Heim führen mag, du bist uns hoch willkommen. Doch das Gerücht spricht wahr: Pegasus hat in der Tat diese Quelle hervorgebracht." Und schon hat sie Pallas zum heiligen Wasser geführt. Lange steht diese staunend an den Wellen, die aus dem Hufschlag entsprangen, sieht sich ringsum die Haine mit ihren altehrwürdigen Bäumen an, die Höhlen und die Kräuter, zwischen denen unzählige Blumen blühen, und glückselig nennt sie sie Töchter der Erinnerung zugleich wegen ihres Berufes und ihrer Wohnstätte. (Ovid, „Metamorphosen", V. 250–268)

Noch das Blut der (erschlagenen) Medusa hat heilende Wirkung und kann, ganz wie es sich für eine Schlangengöttin

„gehört“, sogar Tote zum Leben erwecken. Athene schenkt diesen „Lebenssaft“ bezeichnenderweise an Asklepios weiter, den Gott der Heilkunst, der erst dadurch zu einem großen Arzt wird:

> Und nachdem er ein Chirurg geworden und die Kunst zu großer Vollkommenheit gebracht hatte, hat er nicht nur einige vor dem Tode errettet, sondern sogar Tote erweckt, denn er hatte von Athena das Blut, welches aus den Venen der Gorgo geflossen war, und während er das Blut, welches von der linken Seite kam, als Pest für die Menschheit verwendete, gebrauchte er dasjenige von der rechten Seite zu deren Heil und erweckte damit Tote. (C. A. Meier, S. 46f)

Das Wort Medusa stellt sich übrigens als die weibliche Form von *medon*, Herrscher, dar. Eine „Medusa mit goldenen Schwingen“ wurde im 7. und 6. Jahrhundert v. Chr. als Erscheinungsform der Aphrodite verehrt. Ihre heraushängende Zunge, die immer als besonders grässlich dargestellt wird, sollte die Bitte um Regen zum Ausdruck bringen. So war auch diese „Schlangengöttin“ – wie so viele ihrer Verwandten – ursprünglich mit Regen, Wasser und Fruchtbarkeit und deshalb auch mit Unsterblichkeit verbunden.

# 6

# Vom Fluss des Lebens lernen

## Durch Höhen und Tiefen des Lebens: Leben aus der Perspektive eines Flusses

Stellen wir uns einmal vor, wir wären ein Tropfen in einem großen Fluss und der würde uns mit auf die Reise nehmen, um uns zu zeigen, mit welch verschiedenen Mitteln er die Hindernisse seines Lebens löst. Welche „Strategien", welche Verhaltensmuster könnten wir uns bei dieser Reise für unser eigenes Leben abgucken?

Als erstes würden wir vielleicht erfahren, dass man Hindernisse nicht nur dadurch beseitigt, dass man sich gegen sie auflehnt oder versucht, mit dem Kopf durch die Wand zu wollen. Denn was könnte Hindernisse wendiger und geschmeidiger umfließen als Wasser?

Andererseits hat Wasser zugleich auch eine enorme Kraft. Die Brandung der Wellen zusammen mit der Kraft des Windes können sogar Deiche und Dämme zerstören. Diese Kraft des Wassers muss nicht gleich ein schlechtes Zeichen sein. Beiden – Wind wie Wasser – sagt man eine auflösende Wirkung nach; und die wird verständlicherweise von dem, was im Weg liegt und also gelöst werden soll, zunächst einmal als Störung empfunden; von dem, was dadurch befreit wird, wird es allerdings als Erleichterung erlebt. Im Alten Ägypten beispielsweise wurde daraus eine landwirtschaftliche Anbaumethode, die sich das Wechselspiel von Fluten und Stauen zunutze machte. Das Leben in Ägypten war (bis zum Bau des Assuanstaudammes) davon abhängig, dass der Nil alljährlich über die Ufer trat, und je weiter die Schwemme reichte, um so fruchtbarer wurde das von ihr bewässerte Land und um so reicher war nachher die Ernte. So errichtete man schließlich an den Ufern des Nils künstliche Dämme, damit der Fluss zuerst möglichst hoch steigen und nach erfolgten Dammdurchstichen um so weiter ins Land hinein fluten konnte. Der Erfolg der Bewässerung entsprach somit der Höhe der Dämme.

Übertragen auf den Menschen bedeutet solch eine „Flutung" so etwas wie ein „Damaskuserlebnis", das etwa einen Saulus zum Paulus werden ließ. Eine komplette Umpolung sozusagen, bei der kein Stein mehr auf dem anderen bleibt. Ein Turm, der in den Grundfesten erschüttert wird und nun haltlos in sich zusammensackt, um dem Aufbau von neuen (Wert-) Haltungen Platz zu machen. Positiv gesehen ist es sogar das, was wir in jeder Liebesbegegnung erfahren können: Ist doch jedes tiefe Erleben der Liebe fähig, unsere Welt aus den Angeln zu heben und von Grund auf umzukrempeln. Das mag zwar auf seine Weise auch erschütternd sein, wird aber in diesem Fall nicht als negativ, sondern eher als heilsam empfunden. Erst wenn wir alte Abschottungen und Panzerungen aufgeben, kommen neue Gefühle in Fluss, manchmal mit großer Intensität. „Ozeanische Gefühle" der Verbundenheit stellen sich ein, die Grenzen zwischen Ich und Du, Subjekt und Objekt, werden fließend. Sigmund Freud beobachtete es mit Argwohn, empfand es als Angriff auf die Stärke und Autonomie des Ich.

Natürlich bringt es Gefahren mit sich, wenn plötzlich alte Geländer wegbrechen. Doch man entdeckt nun mal keine neuen Ufer, ohne den Mut zu haben, alle Küsten aus dem Blick zu verlieren, und das heißt, dass man sich für eine Weile dem Fluss, besser noch dem großen Ozean des Lebens, anvertrauen muss in der Hoffnung und im Vertrauen darauf, dass er trägt. Wir haben es hier – bei Wind und Wellen – mit Grenzen sprengenden Kräften zu tun. Alles im Leben hat zwei Seiten, und so kann es bisweilen gut sein, Dämme zu errichten – etwa gegen allzu viele Einflüsse von außen –, während es zu anderen Zeiten gut ist, die Schleusen zu öffnen und für Durchzug zu sorgen. Vom Wasser jedenfalls können wir mehr als nur eine Strategie lernen.

Hindernisse kann man, wie schon kurz erwähnt, auch umfließen, wenn man sie schon nicht aus dem Weg räumen kann. Was auf den ersten Blick wie eine sanfte und nachgiebige Methode aussieht, hat gleichwohl ganze Landschaften umgestaltet. Der Fluss, der einem Hindernis ausweicht, muss dafür etwas anderes zur Seite schieben, das sich leichter bewegen lässt. Und so fängt er an, sich durchzuschlängeln: Indem er das, was im Weg steht, umfließt und Hindernissen ausweicht, nimmt er Umwege in Kauf. Ein Fluss kommt nie auf geraden Wegen zum Ziel, andernfalls wäre er ein Kanal. Flüsse zu begradigen heißt, ihnen ihren individuellen Charakter zu nehmen und sie statt dessen auf Effizienz und Schnelllebigkeit zu trimmen. Menschen zu begradigen heißt etwa, sie alle demselben Lehrplan zu unterwerfen oder demselben Fernsehprogramm auszusetzen und sich dann zu wundern, warum es so wenig wirkliche Individualisten und so viele Massenmenschen gibt. „Stromlinienförmig" ist insofern das Gegenteil von „mit sich und der Welt im Fluss sein". Bei stromlinienförmig denkt man unwillkürlich an einen Fluss ohne Ausbuchtung und Schleife, mehr Linie als Strom.

Der Fluss hat vielleicht das Bedürfnis, auf seinem langen Weg von der Quelle bis zur Mündung auszuruhen, innezuhalten in seinem Lauf, dem Gesang der Vögel zu lauschen oder einer menschlichen Stimme. So sucht und formt er sich sein „Bett" sehr wohl aus. Mal legt er eine Schleife ein, mal spült er eine Insel aus, mal schießt er eine Stromschnelle hinunter, mal ruht er sich in einem Nebenarm aus. Letzteres ist vielleicht seine Art, Neues aufzunehmen und zu verarbeiten. So können auch wir von ihm lernen, dass es durchaus nicht feige ist, einem Hindernis auszuweichen, eine Warteschleife einzulegen, seine „Nische" zu suchen, in der man zur Ruhe kommen und Tiefe gewinnen kann, einen Angriff ins Leere laufen zu lassen. Ein Schritt zur Seite, und schon ändert sich die Perspektive:

wir finden einen Ausweg. Aber ein Ausweg, selbst wenn er ein Ausweichen bedeutet, ist immer noch ein Weg, eben ein Seitenweg oder Nebenarm, abseits vom großen Strom, aber immer noch auf Kurs. Wir halten die Grobrichtung ein, nur beziehen wir jetzt neue Möglichkeiten mit ein. Im Wissen, dass er auf jeden Fall ins Meer münden wird, kann der Fluss sich Umwege leisten. Aber auch wir sagen: „Viele Wege führen nach Rom." Wir müssen ausprobieren, welcher für uns und unsere jeweilige Situation am besten ist. Und Ausprobieren braucht Zeit.

Ein neues Hindernis taucht auf und mit ihm die Frage: Wollen wir es noch einmal auf die alte Weise versuchen, die wir schon kennen, oder erfordert seine Beschaffenheit diesmal ein anderes Vorgehen?

Wenn Ausweichen und Umfließen nicht gelingen, dann ist vielleicht Auffüllen und Warten, bis man über etwas hinwegkommt, eine Möglichkeit. Das Wasser sammelt sich, steigt bis zum Rand der Sperre und fließt dann darüber hinweg. Plötzlich ändert sich etwas, vielleicht nur ein Steinchen, das wegbricht, der Fluss nutzt die Gunst des Augenblicks und bahnt sich einen Weg. Wer so handeln will, muss das Hindernis im Auge behalten, er hat ein Ziel, und das heißt: Befreiung von dem, was ihn am Leben hindert, den Weg zu dem versperrt, was er als seine Bestimmung fühlt. Vielleicht wird er sich auch erst während der Blockade klar, wohin er eigentlich unterwegs ist. Ein Hindernis ist nicht in jedem Fall von Übel. Auch mit dem, was sich zunächst nicht ändern lässt, ist schöpferischer Umgang möglich. Kein Leben verläuft glatt. Immer wieder ist etwas im Weg: Für den Fluss kann das ein Baum, ein Hügel, ein Loch, ein Abgrund, ein Damm sein. Das alles sind ja für sich genommen keine „schlechten" Dinge. Sie haben ihren eigenen Sinn, sind Teil der Natur und können eigentlich nichts dafür, dass sie dem Fluss ausgerechnet hier und da in die Quere kommen. Sie leben ihrer eigenen Bestimmung, und nur weil sie nicht (mit ihm) fließen können, ist der Fluss ihnen gegenüber noch lange nicht im Recht. Wohl muss er sich überlegen, in welcher Weise er mit dem umgeht, was sich ihm in den Weg stellt. Dabei lernt er vor allem Geduld und Wendigkeit. Und auch das wiederum ist durchaus nichts Schädliches. Es kann ihm in einem anderen Stadium seines Lebens sogar wieder zugute kommen. Hauptsache, er lässt sich von seiner grundlegenden Richtung nicht abbringen. Nach und nach wird er von all diesen Hindernissen geformt und schließlich genau dadurch zu dem unverwechselbaren Strom in genau dieser „seiner" Landschaft. So wäre er nie geworden, wenn alles immer nur glatt gelaufen wäre.

So aber hat der Fluss die Hindernisse in sein Leben integriert, sie sind gewissermaßen ein Teil von ihm geworden. Wobei er sie natürlich selbst auch wieder verändert hat: Kieselsteine hat er so lange zermahlen, bis sie zu Sand geworden sind, ein Loch so lange ausgehöhlt, bis es zum Becken geworden ist, einen Geröllhaufen so lange vor sich hergeschoben, bis eine Insel daraus entstanden ist, sein „Bett" so tief gegraben, bis es ein Tal gebildet hat. Ein Fluss hat vielfältige Möglichkeiten. Würden wir ihn fragen: „Was soll ich tun?", würde er wahrscheinlich antworten: „Einfach weiterfließen, nicht gleich beim ersten Hindernis aufgeben, wachsen an dem, was quer liegt, Energien sammeln, um beseitigen zu können, was stört, oder warten, bis es sich von selber gibt." Ein Verhalten, zu dem auch Kraft gehört, die Kraft, seine Wasser bzw. seine Energien so lange aufhalten zu können, bis man sie im gegebenen Augenblick – keine Sekunde vorher oder nachher – loslassen kann. Das allein ist schon eine hohe Kunst, denn dazu gehört gesammelte Konzentration und genaueste Beobachtung des Umfeldes, in dem man sich befindet. Es bedarf höchster Achtsamkeit und ausdauernder Wachsamkeit, um den rechten Augenblick nicht zu verpassen, wenn er sich plötzlich nähert.

Wer seine Aufmerksamkeit zerstreut und zerfließen lässt, kann unmöglich zur rechten Zeit am rechten Ort sein.

Sammlung auf ein Ziel hin ist oberstes Gebot. Auf diese Weise besiegt das Weiche, Wendige und Schmiegsame das Harte. Nachgiebig sein und zugleich voller Entschlusskraft. Auf diese Weise finden Flüsse ins Meer. Sie weichen aus und kommen trotzdem nicht vom Ziel ab. Wohl dem, der da mithalten kann.

„Steter Tropfen höhlt den Stein", heißt die Devise. Auf zwischenmenschliche Beziehungen übertragen, kann sich das so bemerkbar machen:

> Wenn du jemandem begegnest, dem du vertraust,
> dessen Zuneigung du willst,
> tausche mit ihm Geschenke und Gedanken aus
> und klopfe immerfort an seine Tür.

So der Rat einer altgermanischen Dichtung. Zielgerichtete Aufmerksamkeit, stetig und wirkungsvoll.

Seine Fähigkeit zur Integration verschafft dem Fluss ein reiches Leben. Wir, die wir ihn ansehen, können uns manchmal nicht satt an ihm sehen. Ein Fährmann in dem Märchen „Jonathan" von Oded Netivi schildert das so:

> „Ich lernte zu schweigen, den Fluss zu beobachten, den Himmel ..."
> „Jahrelang das gleiche ...", überlegte Jonathan.
> „Nein, nein! Immer anders, immer neu! An schönen Tagen war der Fluss klar und floss ruhig und leise flüsternd vorbei. Wenn dann ein leichter Wind aufkam und die kleinen Wellen ans Ufer schlugen, brach sich das Sonnenlicht auf seiner Oberfläche, und er schimmerte wie tausend Juwelen. In der Nacht floss er schwarz und schwer und erzählte murmelnd uralte Geschichten ...
> Manchmal führte der Fluss viel Wasser und quoll braun und massig über die Ufer. Es kam aber auch vor, dass er

zu einem kleinen Rinnsal zusammenschmolz. Sein Bett trocknete fast völlig aus und viele Tiere mussten sterben. Doch immer wieder erholte er sich, und von neuem begann Leben rundum aufzublühen. Das Wasser füllte sich mit Fischen, die Ufer wurden grün, Vögel kamen, um im Schilf zu nisten und Schafe, Kühe und Ziegen trafen sich wieder an den Tränkstellen. ... Die Jahre kamen und gingen. Mein Lehrer schwieg nach wie vor, doch ich verstand ihn immer besser – was konnte er schon sagen angesichts des ewig erzählenden Flusses. Als er schließlich starb, fühlte ich mich nicht einmal einsam. Er ging mit dem Wasser ... Er ging wie die Wolken, die Jahreszeiten, wie die Zeit selbst ..." (S. 108f.)

Der Fluss hat viel zu erzählen. In Indien war deshalb die Göttin eines Flusses, Sarasvati, zugleich die Göttin der Dichtkunst und der fließenden Rede. Im Grunde ist das Leben eines Flusses selbst ein Stück Poesie. So preist eine Hymne auf die Narmada (von der hier leider nur wenige Verse zitiert werden können) die gleichnamige Göttin mit folgenden bewegenden Worten:

Springende Antilopen
Zeichnen deinen Lauf.
Vögel schwärmen durch die heiligen Bäume
Und beschatten die Anger deiner Dörfer.
Rosenapfelbäume verdunkeln dein Wasser
Mit dem Schimmer reifender Früchte.
Wilde Mangos fallen in deine wirbelnden Fluten,
Gleich Blumen im Haar einer Maid.

Du beseitigst die Makel des Bösen.
Du erlösest vom Kreislauf der Schmerzen.
Du enthebst von den Bürden der Welt,
O heilige Narmada.

Schildkröten und Flussdelphine finden Zuflucht in deinen Wassern.
Lachende Reiher spielen auf deiner stillen Fläche.
Fische und Krokodile nimmst du in deine Umarmung,
O heilige Narmada.
Barden und Asketen besingen deine Wunder.
Spieler, Betrüger und Tänzer preisen dich.
Wir alle finden Zuflucht in deiner Umarmung,
O heilige Narmada.

Wasser nimmt unterschiedslos alles in sich auf, arbeitet mit allem, auch mit dem, was uns verächtlich erscheint. Es weilt an Orten, die alle verabscheuen, heißt es bei Lao-tse, doch genau deshalb ist Güte sein bedeutungsvollstes Merkmal. Auch die Narmada, hören wir in dem kleinen Passus, drückt alle an ihr Herz, die Spieler und Betrüger nicht weniger als die Asketen. Schon der Name des Flusses spricht Bände: Narmada bedeutet Freudenmädchen, Hure, und doch wird sie als einer der heiligsten Flüsse Indiens verehrt! In der Tat, aus Quellen und Flüssen trinken alle, und sie wiederum spenden ihr Wasser, das identisch ist mit ihrer „Güte", ohne Ansehen der Person, dem Verbrecher wie dem Heiligen.

Der Strom des Lebens muss alles (an-)nehmen, „Gutes" wie „Böses"; von ihm aus gedacht ist das „Böse" auch gar nicht unbedingt so böse, wie wir es sehen. Jedenfalls wird es nicht besser dadurch, dass wir es bekämpfen und so dem Bösen neues Böse (hin-)zufügen. Was letztendlich nur zum Anwachsen des Bösen führen und ihm dadurch erst recht zu einem Durchbruch verhelfen würde. In Asien hielt man es mehr mit der Flussphilosophie, und die empfiehlt, das Böse zu integrieren, statt es zu bekämpfen. In der indischen Mythologie stand das Dämonische sogar direkt Pate, als es darum ging, das Lebenselixier, den Trank der Unsterblichkeit, zu destillieren. Leben entzündet sich nun einmal an Kontrasten, die ein energetisches Gefälle entstehen lassen. Nach dem Energiegesetz der Enantiodromie, dem Umschlag ins Gegenteil, muss etwas, das lange und einseitig in eine bestimmte Richtung geflossen ist, sich eines Tages und schlagartig in sein Gegenteil verkehren, worauf in China das gesamte Denken von Yin und Yang beruht. Wenn etwas an seinem dunkelsten Punkt angelangt ist, muss es – von selbst – wieder heller werden, andererseits kann auch das Helle, wie der Vollmond, nicht über ein bestimmtes Maß hinaus wachsen. Aus Fülle folgt Leere und umgekehrt. Sogar von Nord- und Südpol weiß man inzwischen, dass sie in regelmäßigen – und glücklicherweise sehr, sehr langen – Abständen ihre Wertigkeit vertauschen. Aus Plus wird dann Minus und umgekehrt. Was für das Leben auf der ganzen Welt ein großes Sterben bedeutet, wie zum Beispiel in den Eiszeiten.

Das Gesetz der Enantiodromie macht, bei entsprechend einseitiger Ausrichtung, etwa aus einem Saulus einen Paulus oder aus einem Stubengelehrten einen „Professor Unrat", wie in Heinrich Manns gleichnamigem Roman, der im Film unter dem Namen „Der blaue Engel" mit Marlene Dietrich in der Hauptrolle zu Weltruhm gelangte. Sie spielt darin einen Vamp, der einen bis dahin „unbescholtenen" und „spießigen" Lehrer in den Abgrund reißt. So tragen wir alle den Keim und die Möglichkeit zum „Verderben" von Geburt an in uns, sprich die Dämonen sind Teil unseres Lebens. Die indische Mythologie zeigt uns, wie wir dennoch schöpferisch mit ihnen umgehen können: Indem wir ein Auge auf diese Dämonen haben und sie sogar zur Mitarbeit an unserem Lebenswerk verpflichten, sind wir uns ihrer zumindest bewusst. Ja, vielleicht sind wir überhaupt nur schöpferisch, wenn wir den Mut haben, auch das Andere in uns in Betracht zu ziehen und zur Mitwirkung zu ermuntern. Wer hingegen ängstlich den Deckel auf den Topf seiner seelischen Regungen hält, immer bestrebt, nur ja nichts falsch zu machen, wird in seiner Haltung starr und unflexibel. Wer zu seinen Fehlern steht, kann dagegen dem Leben wesentlich gelassener gegenübertreten, weil er nichts verbergen und weder sich noch den anderen etwas vormachen muss.

In der hinduistischen Mythologie sehen wir Götter und Dämonen einträchtig am Werk, als es darum geht, das Unsterblichkeitselixier herauszuquirlen, eine schöpferische Tat ersten Ranges und wahrhaftig keine Kleinigkeit. Hunderte von Jahren müssen sie sich mühen, bis auch nur die ersten brauchbaren Tropfen herauskommen. Gehalten werden sie dabei von der Weltschlange, an der sie sich wie an einem Seil festhalten, das alle gemeinsam hin- und herziehen. Doch hören wir uns zunächst in die Geschichte ein, die uns nicht ohne Humor und einen Schuss Skurrilität dargeboten und von mir sehr frei nacherzählt wird.

### Die Destillierung des Lebenselixiers: Die Quelle des Lebens bewusst machen

Eigentlich wollten die Gottheiten nur unsterblich werden, damit sie nicht immer von den lästigen Dämonen besiegt würden. Die hatten nämlich mit List und Tücke schon längst erreicht, was die Götter, die doch im Grunde viel edler waren, bisher nicht geschafft hatten: Sie wussten, wie man Tote lebendig macht. Und wenn es nun zum Kampf zwischen beiden Parteien kam, hatten stets die Götter das Nachsehen, weil die Dämonen immer wieder nachwuchsen bzw. wieder auferstanden, während sie selbst zu Hunderten und Tausenden zugrunde gingen. So konnte es nicht weitergehen, wenn man nicht zulassen wollte, dass die Welt zum Tummelplatz lebensfeindlicher Kräfte wurde. Die Gottheiten versuchten, diese Situation auf schöpferische Weise zu lösen, indem sie zunächst ein Bündnis mit den Dämonen schlossen. Danach schlugen sie ihnen ein gemeinsames Projekt vor: Gemeinsam wollten sie sich darum bemühen, den Trank der Unsterblichkeit hervorzuquirlen. Die Dämonen, die sich durch dieses Friedensangebot geschmeichelt und überlegen fühlten, boten auf Anhieb ihre tatkräftige Unterstützung an und versprachen sogar, alle Gottheiten mit ihrer Liebe zu beschirmen.

Um das Werk in Gang zu setzen, rissen die Götter mit dessen Einverständnis den Weltberg Meru aus seiner Verankerung im Himalaya und setzten ihn als Quirlstock auf den Panzer jener Schildkröte, die vom unteren Grund der Welt aus den ganzen Weltleib auf ihrem Rücken trug. Sodann nahmen sie die Weltschlange Schescha, die sich dazu freiwillig angeboten hatte, als Quirlstrick und schlangen sie dreimal um den Weltberg herum. Doch zunächst tat sich nichts. Obwohl sich alle zusammen redlich bemühten, brachten sie den Berg Meru um keinen Milimeter von der Stelle. Erst als sie den Gott Vischnu um Mithilfe baten und er leibhaftig in ihrer Mitte erschien, konnte es richtig losgehen. Wobei zu bedenken ist, dass Vischnu schon längst mit von der Partie war: sowohl die Schildkröte als auch die Schlange machten je ein Viertel seines Wesens aus. Doch offensichtlich bedurfte es einer noch bewussteren Kraft, um die Dinge in Gang zu bringen.

Beim Quirlen spielten die Götter den Dämonen den schlechteren Part zu: Aus Furcht vor dem Gift der Weltschlange zogen sie sich taktvoll an deren Schwanzende zurück, während die Dämonen die volle Ladung Gift abbekamen, die sie bei all der Anstrengung aus ihren tausend Mündern verspritzte. Alle zusammen wünschten sich lauthals „Sieg!" und quirlten unermüdlich volle hundert Jahre lang. Danach waren sie alle zusammen redlich erschöpft und wollten ausruhen. Doch der Schöpfergott Brahma, Sinnbild ihrer schöpferischen Energie, stachelte sie von Neuem an: „Quirlt, quirlt das Weltmeer! Wer unbezwinglich sich bemüht, dem winkt uferloses Glück!"

In diesem neuen Wirbel sausten Elefanten herdenweise vom Berg Meru herunter, desgleichen Tausende von Wildschweinen, Ungeheuern, wilden Tieren, Blüten, Früchten und Bäumen. Durch die Kraft dieser Früchte und den Saft der Blüten und Kräuter gerann das flüssige Milchmeer völlig und stockte zu Dickmilch. Da wurden Tausende von Lebewesen zerquirlt und strömten Fett und Saft aus, woraus gegorener Rauschtrank entstand. Von dessen Duft allein erstarkten die Götter und Dämonen zu neuen Kräften. Sie quirlten weiter, und dabei kamen alle Arten von Lebewesen sämtlicher Zeiten und Zonen um. Sie wurden zerrieben oder durch das bei der Reibung erzeugte Feuer vernichtet. Auch flossen vielerlei Säfte in die Flut, Harze der Riesenbäume und Säfte zahlreicher Kräuter. Und die Milch solcher Säfte, die in sich die Kraft des Unsterblichkeitstrankes bargen, schenkte den Göttern Unsterblichkeit, so dass ihre Haut glänzte wie Gold. Dabei allerdings wandelte sich des Meeres Milch zu Butter. Erneuter Stillstand trat ein, und die Götter reagierten wie trotzige Kinder: „Wir sind gewaltig müde, und der Trank der Unsterblichkeit kommt nicht hervor; außer Vischnu sind alle Götter und Dämonen müde, und allzu lange währt auch das Quirlen des Weltmeers." Ihre schöpferischen Kräfte schienen zu erlahmen, doch in einem letzten Aufbäumen all ihrer gesammelten Energien rissen sie das Ruder noch einmal zu ihren Gunsten herum. Schon sahen sie erste Anzeichen des Erfolges – doch da zerronn ihnen das Glück schon wieder unter den Fingern:

Ein Rauch entstand, dem Feuer und schwarze Schlangen mit gewaltigen Zähnen entquollen. Und es erstand *Kalakuta* (Gipfel des Todes), der Schrecken aller Schrecken. Mit dem flammenden Glutatem gesammelten Todes versengte er alle Wesen und ließ die Götter und Himmlischen aussehen wie verbrannte Kohlen. Wie aber konnte es nur zu solch einer Schreckensgestalt kommen? „Als Götter und Widergötter in heißem Zorn das gewaltige Weltmeer quirlten, wünschten sie dabei einander den Tod – da entstand ich, um alle Götter samt den Dämonen zu töten." So präsentiert sich Kalakuta, der alles bisher Dagewesene in den Schatten stellt, seinen fassungslosen „Schöpfern", die gleich seine Opfer werden sollen. Es sei denn, sie verschlingen ihn, noch bevor er sie verschlingen kann. Da erbarmt sich der große Gott Schiva, seines Zeichens der „Friedewesende“ und „Endebringer“, und schluckt das große Gift Kalakuta hinunter. Seither heißt er mit einem seiner Beinamen „Blauhals“, weil seine Kehle, die das Gift festhielt, von dem Trank blauschwarz wurde.

Danach begannen die Götter das Meer von neuem zu quirlen, diesmal mit bleibendem Erfolg. Als erste kam aus den Fluten die Göttin „Lotos“ herauf, die Spenderin von Glück und Schönheit, die auch *Lakschmi* genannt wird (bis heute eine Lieblingsgöttin der Inder). Sie trug ein Gewand, licht wie zerlassene Butter. Mit ihr erschien ein weißer Elefantenkönig und ein lichtes Pferd, dazu der Parijatabaum, dessen Zweige die Erfüllung aller Wünsche tragen. Dann erst stieg der Gott des Heilwissens, der aller Welt Freisein von Krankheit schafft, leibhaftig herauf und hielt eine weiße Schale (das ist der Mond, der als Behälter des Lebenselixiers gilt!) mit dem Trank der Unsterblichkeit, *Amrita* (d.h. „todlos“), in den Händen, der allein mit seinem Duft alle Geschöpfe von Furcht erlöste. Sogleich kamen die Dämonen herbei und rissen gierig die Schale an sich. Vischnu aber verwandelte sich geistesgegenwärtig in eine unvergleichlich schöne Frau, die sich den Dämonen verführerisch näherte. Ganz von ihrer Schönheit in Bann geschlagen, überreichten die Widergötter ihr freiwillig die Schale mit dem Trank „todlos“. Die Götter tranken davon, und mit frischer Kraft machten sie sich daran, die Dämonen zu besiegen. Danach herrschte für eine Weile Frieden in der Welt, doch in der indischen Mythologie sind Siege gegen die Dämonen – ganz wie im wirklichen Leben – nie von langer Dauer. Eines Tages wird ein anderer Konflikt ausbrechen, und dann heißt es für die Göttinnen und Götter wieder, neu zu improvisieren. (Zimmer 1978, S. 129–140)

Die Weltschlange quirlt in diesem Mythos genau genommen nur hervor, was sie von ihrem Wesen her seit Urbeginn der Zeiten bereits verkörpert: das ewige Leben. Das gibt der Geschichte eine leicht verrückte Note. Und auch die Dämonen, die da mit Feuereifer quirlen, hätten den ganzen Aufwand eigentlich gar nicht nötig. Sie sind ja schon längst unsterblich, wie wir gleich zu Beginn der Geschichte erfahren. Und auch das ist eine durchaus bedenkenswerte Frage: Warum sind zunächst nur die „bösen" Dämonen unsterblich, nicht aber die „guten" Götter? Offensichtlich ist Unsterblichkeit keine Frage der Moral. Unsterblichkeit steht uns nicht nur zu, weil wir immer „gut" gewesen sind. Ziemlich ungerecht, aber vielleicht steckt doch eine psychologische Wahrheit dahinter (in Indien erzählen uns die Geschichten der Götter immer viel über unser eigenes Seelenleben). Vielleicht sind die Dämonen nicht „tot zu kriegen", weil es häufig so viel einfacher scheint, den Mut sinken und die Hoffnung fahren zu lassen, als auf ein Gelingen und Glücken des Lebens zu vertrauen; weil es mehr Mühe kostet, an das Gute in der Welt zu glauben (zumal in diesem, nach indischer Vorstellung „schwärzesten" aller Zeitalter). Das Schlechte scheint sich immer ganz von selber und ohne unser Zutun schon einzustellen. Weshalb es uns bisweilen so vorkommen kann, als sei ihm ein unendlich viel längeres Leben beschieden als dem Guten. Wie lange braucht es, bis ein Baum Früchte trägt, ein Biotop gewachsen, Menschen oder Kulturen zu ihrer Blüte herangereift sind. Der Wille zur Zerstörung gelangt dagegen im Nu an sein Ziel: ein Schuss, eine Bombe, eine Motorsäge, eine biologische Waffe, um hier einige unserer modernen Möglichkeiten zu nennen, und binnen Sekunden und Minuten ist zerstört, was so lange Jahre, ja ganze Jahrhunderte gebraucht hat, um sich aufzubauen. Da mag es schon so aussehen, als seien die Dämonen von unendlicher Langlebigkeit und die Gottheiten, die sich um Schöpfung und Erhaltung der Welt bemühen, ewig die Dummen und dazu bestimmt, immer wieder „den Kürzeren" zu ziehen. Bezeichnend ist ja, dass in der Geschichte die Götter Brahma und Vischnu mitquirlen, der Gott Schiva aber nicht. Brahma ist der Gott der Schöpfung, und Vischnu für ihre Erhaltung zuständig, Schiva aber schließlich für ihre Zerstörung und Auflösung verantwortlich. Am Ende wird er die Welt in Flammen aufgehen lassen (damit sie danach, wie der Phönix aus der Asche, wieder neu und frisch erstehen kann). Von Schiva aber haben die Dämonen dereinst ihre Unsterblichkeit zugespielt bekommen. Das heißt, dass ihre Unsterblichkeit zuallererst in der Zerstörung und weniger in der Erschaffung liegt. Schöpferisch sein können sie deshalb noch lange nicht. Die Quirlung des Lebenselixiers ist aber eine genuin schöpferische Tat, und so werden ihre zerstörerischen Kräfte hier gleichsam schöpferisch eingebunden. Solange man sie im Auge behält, können sie weniger Schaden anrichten. Doch urplötzlich kommt der ganze Prozess ins Stocken. „Kalakuta", der Schrecken aller Schrecken, ersteht, bereit, sie alle zu verschlingen, Götter wie Dämonen gleichermaßen. Und hier stellt sich nun heraus, dass auch die Gottheiten nicht „ganz ohne" sind. Was hier entstanden ist und nun bedrohlich konkret wird, ist eine direkte Folge von „Karma", was soviel bedeutet wie: durch unser Tun ernten wir, was wir gesät haben. Beide haben sie einander während der Arbeit den Tod gewünscht, die Götter waren dabei um keinen Deut besser als die Dämonen. Nun müssen sie alle zusammen sehen, wie sie mit dem fertig werden, was sie da heraufbeschworen haben. Psychologisch gesehen ein klarer Fall von Schattenprojektion. Immer bekämpfen wir das am Gegner, was wir an uns selbst am wenigsten wahr haben wollen. Was wir selber gerne täten, wenn wir nur könnten, das kreiden wir bei anderen um so unnachgiebiger an und machen ihnen die Hölle heiß. Doch auch Gedanken setzen Kräfte frei und in Gang. Sind sie allzu lange von negativer Natur, ziehen sie uns in einen Strudel destruktiver Energien. Sie sind die Urheber aller Kriege (auch derer, die wir gegen uns selbst führen). In der Geschichte von der Quirlung des Milchmeers wird uns das direkt und drastisch vor Augen geführt. Indem Schiva das Gift schluckt, integriert er es und macht es vorerst unschädlich. Doch es verändert sogar ihn. Sein dunkelblauer Hals wird immer wieder daran erinnern, wohin es führt, wenn man zu lange „schwarze“, negative Gedanken im Sinn hegt. Auch in unserem einfachen Menschenleben ist das nicht anders. Wer beständig trübe Gedanken wälzt, wird schließlich krank, seelisch wie auch körperlich.

Im Grunde verhält es sich mit dem *Amrita* im obigen Mythos so wie mit dem Trunk, den wir aus einem kühlen Brunnen und nach einem langen Marsch durch die Wüste zu uns nehmen. Die Mühe ist Teil des Trunks, der erst zu Nektar wird, wenn man ihn in gewisser Weise dem Leben selber abgerungen hat. Dann ist er mehr als nur ein Trunk, dann ist er das Leben selber, das mit all seinen Höhen und Tiefen in ihm gegenwärtig wird. Es ist ja nicht ohne Ironie, dass ausgerechnet beim Quirlen des Lebenswassers so viele Todeswünsche freigesetzt werden! Aber Leben be- und entsteht nun mal aus dieser Mischung.

Quintessenz dieses Lebens ist die Weltschlange Schescha, die als Schlange die Wasserwelt repräsentiert und als solche – in Indien wie eigentlich überall auf der ganzen Welt – ein Symbol für ewige Erneuerung und Verjüngung ist. Dort nennt man sie auch *Kundalini*, die „Zusammengeringelte“. Auf Abbildungen hält auch diese Schlange bisweilen ihren Schwanz im Maul, ein deutlicher Hinweis auf ihre ewige, aber eben auch gegensatzvereinigende Natur. Als *Kundalini*, die „Geringelte“, lebt sie in jedem Menschen und wartet darauf, dass wir sie erwecken und in uns als die Kraft entdecken, die uns mit der Welt des Göttlichen, der Welt unbegrenzter Energien verbindet. So wie die Schlange in der Geschichte im Grunde ihre eigene Essenz hervorquirlt und damit vielleicht auch ihrer selbst bewusst wird, so müssen auch wir im Laufe unseres Lebens nur „einlösen“, was wir von unserem Ursprung her schon längst sind und wofür auch die *Kundalini* in uns nur ein Symbol ist. Die Quelle des Lebens ist von Anfang an in uns, dem können wir eigentlich nichts Wesentliches mehr hinzufügen. Doch welch ein buntes Leben, wenn wir uns entfalten: Wir entwickeln unseren Lebensfaden, und das ist schweißtreibende

Arbeit, aber sie lohnt sich, weil wir uns nur so unserer selbst bewusst werden können. Am Ende, nach all der Rackerei, wissen wir – ja was eigentlich? Dass wir das Knäuel, das wir ent- und verwickelt haben, wieder auflösen müssen. Das menschliche Leben mündet in den Tod wie der Fluss ins Meer. Und im Meer lösen sich die einzelnen Flüsse auf und werden in ein größeres Ganzes integriert, keine Energie geht je verloren, auch die unsere nicht. Selbst wenn beim Quirlen des Milchmeeres alles aufgerieben wird, und am Ende auch wir selbst im Strom der Ereignisse zerquirlt werden, so ist es doch Lebenssaft, der entsteht. So wird auch unsere Energie transformiert. Im Tod geben wir unsere Vereinzelung auf und finden in ein größeres Ganzes zurück. Wie und wohin wir uns verwandeln, das lässt sich vom Wasser allein her nicht entscheiden. Eine Welle jedenfalls ist vom Ozean, dem sie angehört, nicht wesentlich zu unterscheiden, und doch ist sie eine Welle, vielleicht ein kleines bisschen anders gekräuselt als alle anderen Wellen. Aber um ihr Einzeldasein muss sie nicht kämpfen.

Letztlich ist alles, was wir sind und uns umgibt, eine Form von Energie und deren Verdichtung, Welle und Schwingung. Wir unterscheiden uns von dem, was wir „göttlich“ nennen, insbesondere durch die Art und Weise der Energieverdichtung. Das ist der Grund, warum alles mit allem zusammenhängt, Gott, Mensch und Natur sich in Kern und Wesen nicht wirklich voneinander unterscheiden und Veränderung auf der einen Ebene unweigerlich zu Veränderungen in den anderen Dimensionen führt. Das eine spiegelt sich im anderen. Für das indische Denken ist dies eine Selbstverständlichkeit. Deshalb lernen wir hier in all den Geschichten über das Verhalten der Gottheiten in erster Linie etwas über unser menschliches Leben bzw. über das Leben im allgemeinen: Dass „gut“ nicht ohne „schlecht“ zu haben und Stockung ein Teil des Flusses ist. Und natürlich erfahren wir auch etwas darüber, wie wir selbst auf das göttliche Leben zurückwirken können. Das geht nämlich am besten über Energieansammlung und -stau.

Natürlich ist es erstrebenswert, die Energien fließen zu lassen, doch kann man sie, um höherer Ziele willen, auch bewusst sammeln, was in jeder konzentrierten Meditation geschieht. Die Wälder der indischen Mythologie und Erzähltradition sind voll von Heiligen, die aufgrund von langjähriger Askese nur so glühen. Lassen sie diese Energie zu gegebener Zeit, freiwillig oder unfreiwillig, wieder los, sind sie unschlagbar, und selbst die Götter müssen ihnen jeden Wunsch erfüllen. Ein Segen oder Fluch, den sie in diesem Zustand aussprechen, ist unter keinen Umständen mehr rückgängig zu machen. Das ist die Macht konzentrierter Sammlung, wie sie uns im Grunde auch wieder vorbildlich bei der Quirlung vorgeführt wird. Diese Macht bewirkt, dass wir am Ende alles erreichen, wenn wir uns nur intensiv genug dafür einsetzen. Nur leider steht sie, da in der Welt alles nach denselben Gesetzen funktioniert, auch den Dämonen zur Verfügung! Die indische Mythologie zeigt uns den Kosmos nach Abbild eines Flusses, der mal eine überraschende Biegung macht, sich dann an einem Hindernis aufstaut, sich durch alle Höhen und Tiefen windet und am Schluss in die große Auflösung mündet. Die Einzelnen – auch die Gottheiten – müssen in immer neuen Improvisationen mitmachen, und daraus entwickelt sich allmählich die Welt. „Jeder muss dann oder wann erkennen, dass der andere, der auf den ersten Blick immer den normalen Verlauf der Ereignisse zu stören schien, in Wirklichkeit ein unentbehrliches Instrument der Weltentfaltung ist. Was anfänglich bestürzend und verwirrend scheint, erweist sich auf die Dauer als wohltätiger und notwendiger Faktor. Es kommt darauf an, dass die Schöpfung weiter geht und nicht in einem augenblicklichen Zustand erstarrt", so kommentiert der Indologe Heinrich Zimmer. Und dem hätte sicher auch der Fluss, wenn er denn reden könnte, nichts mehr hinzuzufügen.

# 7

## „Höchste Güte gleicht dem Wasser"
## Einssein mit dem Fluss des Lebens

„Die Quelle lebt von ihrer Güte". Hatte ich eigentlich bedacht, welch vielschichtigen Spruch ich mir da ausgesucht hatte? Wenn die Quelle von ihrer Güte lebt, dann ist Güte alles, was sie ausfüllt, dann ist sie Güte und nichts als Güte. Sie lebt, weil und indem sie sich verströmt, weggibt, abgibt, austeilt, was sie füllt. Im Vertrauen darauf, stets neu gefüllt zu werden, sprudelt sie unermüdlich und unerschöpflich hervor, was anderen Leben gibt. Und bleibt so erstaunlicherweise selbst am Leben. Erstaunlicherweise? Nun, ein Mensch, dem man empfehlen würde, so zu leben, hätte wahrscheinlich Angst, binnen kurzem verausgabt zu sein. Man braucht schon ein großes Vertrauen in die Welt und die Menschheit, um sich so rückhaltlos und ohne Vorsichtsmaßnahmen zu verströmen. Die Quelle, die von ihrer Güte lebt, vermittelt etwas Bedenkenloses, Sorgloses, Unbekümmertes, ein sich an den Tag verschwenden, ohne die Angst, am Ende leer auszugehen. Sie hält nichts zurück, und genau deshalb ist sie immer voll, ja fließt sogar über in ihrem Reichtum. Nach der Art einer solchen Quelle sollten wir zu leben versuchen, rät uns Lao-tse, der weise chinesische Philosoph, dem wir die modernisierte Fassung dieses Spruchs verdanken.

„Die Quelle lebt von ihrer Güte." Wie, wenn es eines Tages heißen würde: „Die Menschen leben von ihrer Güte?" – Dann wären sie im „Tao" und eins mit dem Fluss des Lebens selber. Was das bedeutet, davon geben uns die folgenden Ausführungen, die sich alle auf Lao-tses Gedichtsammlung des „Tao-te-king" beziehen, einen Vorgeschmack. Und was immer man über diese gut 2500 Jahre alten Texte sagen kann: Sie klingen auch für heutige Ohren noch erstaunlich modern.

## Tao – Die „Göttin des Quelltals“

Höchste Güte gleicht dem Wasser.
Des Wassers Güte ist,
Den zehntausend Wesen anspruchslos zu helfen.
Es weilt an Orten, die alle Menschen verabscheuen.
Darum steht Güte der Führerin des Alls so nahe.

Wer ist sie, diese „Führerin des Alls“, die von ihrer Güte leben kann wie eine Quelle, und die zugleich der Quelle die Güte gibt, aus der sie leben kann? Wieder müssen wir tief in die Vergangenheit zurückgehen, erneut geht es in rascher Talfahrt durch die Jahrhunderte, hin zu den Müttern. Denn Weiblichkeit, Wandlung, Wachstum und Wasser gehören auch im alten chinesischen Denken eng zusammen. Und auch hier ist der Gang zu den Müttern ein Weg ins Innere, das nach denselben Gesetzmäßigkeiten schwingt wie das Außen, womit wir wieder im Innen dem Außen und im Außen dem Innen begegnen: „Nicht aus dem Tore gehend, erkennt man die Welt“, erläutert uns dazu Ode 47! Will sagen, wer bei sich (zu Hause) bleibt, weiß trotzdem, wie es in der Welt zugeht, kennt im Grunde die ganze Welt, selbst wenn er nie einen Fuß vor die Tür setzt. Denn diese Welt hat, wie er selbst, eine Mutter, ist sozusagen selbst Kind in Bezug auf eine Gestalt, die „ur-kräftiger“ ist als sie und der sie ihr Leben erst verdankt: So heißt es in Ode 25:

Die Welt hat eine Gebärerin,
Das ist die Mutter der Welt.
Hat man seine Mutter gefunden,
So erkennt man dadurch sein Kindsein.

Hat man sein Kindsein erkannt
Und hält sich wieder an seine Mutter,
So ist man beim Untergang des Leibes ohne Gefahr.

Das Kindsein haben somit Welt und Mensch gemeinsam, beide sind Kinder von ein und derselben Mutter, beide werden durch diese Mutter – „Tao" (gesprochen „Dau") – beständig geboren und wiedergeboren, vor allem aber sind sie als Kinder derselben Mutter geschwisterlich miteinander verwandt, somit eines Wesens und Sinnes. Ihre Herzen schlagen im selben Takt. Hier geht es nicht um (Be-)Herrschen und (Be-)Dienen, sondern um Gleichberechtigung auf derselben Ebene. Der Mensch ist nur eines von den „zehntausend Wesen", die die Welt ausmachen. Und die Führerin des Alls kümmert und sorgt sich um jedes dieser Wesen gleichermaßen, aus ihrer Güte heraus, die dem Wasser gleicht, das überall hindringen kann und seinen Segen selbst noch an Orte verteilt, die von den Menschen verabscheut werden. Wer es ihr nachtun will, sollte sich die Worte von Ode 49 zu Herzen nehmen:

Zu den Guten bin ich gut,
Zu den Nichtguten bin ich auch gut,
– Urkraft ist Güte!
Zu den Treuen bin ich treu,
Zu den Nichttreuen bin ich auch treu,
– Urkraft ist Treue!
Der Berufene lebt in der Welt ganz eingezogen,
Aber macht sein Herz weltweit.

Die „Weltmutter", von der hier die Rede ist, kennen wir inzwischen besser unter dem Begriff des „Tao", ein Wort, das fälschlicherweise immer noch mit „Weg" übersetzt wird. Von diesem angeblichen „Weg" werden im „Tao-te-king" jedoch so viele Eigenschaften und Tätigkeiten beschrieben, die von einem Weg unmöglich auszuführen sind, dass man mit Rücksicht auf all diese personhaften Fähigkeiten des Erkennens, Fühlens und Wollens das „Tao“, so man es überhaupt übersetzen will, nur als handelnde Persönlichkeit in Betracht ziehen kann. Das alte Schriftzeichen für „Tao“ jedenfalls setzt sich aus „Kopf mit langen Haaren“ und einem Zeichen für „gehen“ zusammen. Gemeint ist eine Situation, in der ein Kopf bestimmt, wie oder wohin man geht, d. h. als Substantiv heißt es „Weg“ und als Verb „den Weg weisen, führen“. Da dieser „führende Kopf“ als Ursprung und Wurzel des Weltgeschehens in den Oden des Buches immer wieder als „Mutter“ oder „Gebärerin“ oder sogar „Tiergöttin“ erscheint, liegt die Übersetzung mit „Führerin des Alls“ nahe, wie sie der Sinologe Erwin Rousselle bereits 1946 angeboten hat. Wer in der hier angebotenen Übersetzung etwa eine feministische Usurpation wittern möchte, befindet sich erklärtermaßen auf dem Holzweg. Unverständlich ist allenfalls, warum man Rousselle nicht allgemein gefolgt ist. Denn ein „Weg“ hat nun mal keinen gebärenden Schoß, der mit einem „Quelltal“ verglichen werden könnte, und kann seinen Anhängern erst recht nicht zur Wiedergeburt verhelfen, noch kann er sie beschützen, nähren und aus Gefahren erretten!

Lao-tse, der von den Chinesen auch *Lao-dan*, „altes Weisheitsohr“ genannt wurde (statt „alter Meister“), gehört vom Denken her noch in die eher matriarchal strukturierte *Tai*-Zeit, ebenso wie sein Mitverfasser Huang-di, der uns heute nicht mehr genannt wird, obwohl noch etliche der Oden des „Tao-te-king“ von ihm inspiriert sind. Er galt sogar als sagenhafter Herrscher und Kulturschöpfer, der an der Wende der Steinzeit zum Bronzezeitalter den Menschen die Grundlagen der Religion vermittelt haben soll. Von ihm erfahren wir in Ode 6, dass die Weltmutter mit einer dunklen Tiergöttin gleichzusetzen ist, die als „Gottheit des Quelltals“ zugleich ewig ist.

Die Gottheit des Quelltals ist todlos.
Das ist die dunkle Tiergöttin.
Der dunklen Tiergöttin Schoß
Ist Himmels und der Erde Wurzel.
Wie endloser Faden wohl verharrt sie
Und wirkt ohne Mühe.

Diese Führerin des Alls, die Lao-tse „Tao“ nennt, wurde in noch früheren Zeiten als die dunkle Tiergöttin *Hüan Pin* (oder *Hüan Bi*) verehrt, die man sich als Stute vorstellte. Diese Tiergottheit wurde wiederum gleichgesetzt mit dem „Geist des Tales“, wobei die Chinesen bei „Tal“ immer auch an eine (in einem Tal befindliche) Quelle oder einen Wasserlauf dachten. Diese Gottheit des Quelltals ist die Gebärerin und Mutter der Welt (Ode 42 u. 52), zugleich die Schöpferin von Erdgöttin und Himmelsgott wie auch von Yin und Yang, die sämtliche Komplementaritäten umgreifen, die in der Welt nur denkbar sind:

Die Führerin des Alls bringt die Einheit hervor,
Die Einheit bringt die Zwei (Yin) hervor,
Die Zwei bringen das Dritte (Yang) hervor,
Die Drei bringen die zehntausend Wesen hervor.

Die zehntausend Wesen umschreiben die Welt in ihrer Gesamtheit, sozusagen das „All(es)“; dort hinein hat die „Führerin“ das In- und Miteinanderverschlungensein von Yin und Yang wie einen Keim gepflanzt, der ein Weltgesetz zum Ausdruck bringt: Dass nämlich nichts so bleibt, wie es ist, und dies das einzig Bleibende sein wird, solange das All besteht. Der Fluss zwischen Yin und Yang, den man sich auch als liebenden Austausch zwischen einem Ur-Elternpaar vorstellen kann, bringt die zehntausend Wesen nicht nur hervor, sondern er hält sie auch, weil er reine Energie ist, ganz schön auf Trab. „*Panta rei*“ – alles fließt, behaupteten nicht nur die alten Griechen.

Wenn wir an dieser Fließenergie teilhaben bzw. uns ihr überlassen wollen, dann – so werden wir in den Gedichten des „Tao-te-king“ immer wieder angehalten – sollten wir selber werden wie das Wasser oder wie die „Führerin des Alls“, die im Verströmen zum Vor- und Ur-Bild der Welt wird.

Wasser gilt in China allgemein und von frühester Zeit als Symbol des Yin oder Tao, der weiblichen Urkraft. Von Lao-tse, Ode 4, wird sie folgendermaßen geehrt:

> Die Führerin des Alls verströmt sich
> Und bewirkt, dass man auch nicht gefüllt bleibt,
> Wassertief ist sie: So ist sie wie der zehntausend
> Wesen Ahne,
> Sie stumpft ihre Härten und entwirrt ihre Schlingen,
> Sie sänftigt ihren Glanz und eint sich ihrem Staube.
> Taufrisch! so scheint sie zu verharren.
> Ich weiß nicht, wessen Kind sie ist,
> Sie ist, scheint es, die Vorfahrin der Götter.

Man nimmt an, dass noch die *Schang* (*Yin*)-Dynastie (1700–1100 v. Chr.) im Wesentlichen matriarchal strukturiert war, zumal sie auch einem ausgeprägten Gefäßkult huldigte: In diesem Weltbild wurde nicht nur der Dunkelmond als Becher, sondern auch die Erde als Kessel (und beide als weibliche Wesen) vorgestellt. Es kann also nicht verwundern, dass der mutterrechtliche Charakter der Kultur auch in der Religion als Verehrung eines weiblichen Urgrundes von Welt und Leben in dieser Tradition zum Ausdruck kommt. Als Vermittlerinnen dieser Kultur gelten allgemein die Oden aus Lao-tses Spruchsammlung „Tao-te-king“, was von Rousselle übersetzt etwa soviel heißt wie „Führung und Kraft aus der Ewigkeit“. Dieses „*Te*“ (bzw. „Dö“) „bezeichnet ursprünglich: die ausstrahlende magische Kraft, dann *mystische Urkraft*, ferner überhaupt: Kraft, Tauglichkeit und etwas, das wir mit dem Wort ‚Tugend‘ umschreiben würden“.

Und auch diese „Urkraft" trägt – in Ode 51 – ganz und gar mütterliche Züge:

Die Führerin gebiert und ihre Kraft ernährt
    (in Frühling und Kindheit),
Sie lässt dann wachsen und pflegt (in Sommer
    und Jugend),
Sie vollendet und reift (in Herbst und Lebensmitte),
Sie bedeckt und schirmt (in Winter und Alter) –
Hervorbringen, aber nicht behalten,
Wirken, aber nicht Wert darauf legen,
Großziehen, aber nicht beherrschen,
Das ist die mystische Urkraft.

Und noch einmal fast wortwörtlich gleich am Ende von Ode 10:

Gebären und ernähren,
Gebären und nicht behalten,
Handeln und nicht darauf Wert legen,
Fördern und nicht beherrschen, –
Das ist die mystische Urkraft.

## „Zartheit" verströmen: Leben aus Überfluss

„Verströmen" ist die Art und Weise, wie die Führerin des Alls in der Welt wirksam wird. Wer sich die Weltmutter zum Vorbild nehmen will, muss gleichsam werden wie fließendes Wasser. Und das heißt vor allem schmiegsam, biegsam, geschmeidig, wendig. So, wie auch Wasser ein Becken (oder einen Abgrund) erst bis zum Rande füllt und dann überläuft und weiterfließt, sollte man auch mit den eigenen Energien umgehen. Was voll ist, muss leer werden, um sich wieder auffüllen zu können. Nur so erneuert sich die Welt. Neues entsteht nur aus der Leere, nicht aus der Fülle. Deshalb, so wird immer wieder betont, ist das Nichts, die Leere oder die Stille das eigentlich Wirksame. Mit einem vollen Becher kann man kein frisches Wasser mehr schöpfen; man muss ihn zuvor ausleeren. Somit ist nur das Aufnehmende und Empfängliche wirklich schöpferisch: Schmiegsame Wendigkeit geht also einher mit Leere und Stille. Man muss sich leer und hohl machen wie ein Gefäß, das immer wieder abgibt, was es aufgenommen hat. Dem Verströmen entspricht ein Behälter, der stets neu vom Strom (der Ereignisse) gefüllt wird, aber nicht um zu „behalten" und festzuhalten, sondern um alsbald wieder loszulassen, was gleichwohl zuerst geschöpft werden muss. Darum heißt es: „Die Führerin des Alls verströmt sich und bewirkt, dass man auch nicht gefüllt bleibt." Erst die so entstehende Leere macht empfänglich für Neues. Deshalb ist das Nichtsein im Grunde wirksamer als das Sein, wie die Oden 40 und 11 unmissverständlich klar machen:

> Rückkehr ist die Bewegung der Führerin des Alls
> Zartheit ist das Wirken der Führerin des Alls.
> Die zehntausend Wesen in der Welt entspringen
> dem Sein,
> Das Sein entspringt dem Nichtsein.
>
> Dreißig Speichen treffen sich in der Nabe.
> Auf dem Nichts daran beruht des Wagens Wirksamkeit.
> Durch Tonkneten macht man Gefäße,
> Auf dem Nichts darin beruht des Gefäßes Brauchbarkeit.
> Durch Aushöhlen von Türen und Fenstern macht man
> Häuser,
> Auf ihrem Nichts beruht des Hauses Brauchbarkeit.
> Darum: Das Seiende ist zwar nützlich,
> Das Nichts ist das Wirksame.

Und immer wieder sind es zwei Qualitäten, die als besondere Charakteristika von „Tao“ hervorgehoben werden: Zartheit und „Rohholz“-Haftigkeit. So fragt Lao-tse in Ode 10:

> Kannst du den Lebensodem im Zaume halten
> Und Geschmeidigkeit wahren,
> Und dann wie ein Kindlein sein?

Dann, so könnte man sagen, lebst du aus der mystischen Urkraft, denn mystische Urkraft bedeutet genau das: biegsam wie ein Baby zu sein. Und wenn man meint, ein neugeborenes Kind habe keine Kraft, so wird man mit Ode 55 eines Besseren belehrt:

> Behält man in sich der Urkraft Fülle,
> So gleicht man dem neugeborenen Kinde:
> Wespe, Skorpion, Kobra und Viper stechen es nicht,
> Reißende Tiere packen es nicht;
> Zwar sind seine Knochen schwach und die Sehnen
> weich,
> Und doch packt es fest zu.
> …
> Es schreit den ganzen Tag, und doch wird seine Kehle
> nicht heiser
> – durch die Fülle des Einklangs nämlich.
> Den Einklang kennen, besagt: das Ewige kennen,
> Das Ewige kennen, besagt: Erleuchtetsein!
> …
> Ist aber ein Wesen erstarkt, dann vergreist es.
> Das müsste man nennen: führungslos!
> Führungslos ist bald am Ende.

Kindsein wird nicht mit Schwäche, sondern mit – absichtsloser – Stärke assoziiert; mit der Stärke derer, die gar nicht stark sein wollen und es gerade deshalb sind. Deshalb bedeutet auch

Biegsamsein nicht etwa Schwäche, sondern Kraft. Nur wer aus dieser Kraft schöpft, kann „langlebend und dauernd sein", verspricht Ode 44. Und Ode 52 geht sogar noch weiter:

Kleinstes sehen bedeutet Erleuchtetsein,
Biegsamkeit wahren bedeutet Starksein.
Benutzt man sein Licht,
um wieder einzukehren zu seiner Erleuchtetheit,
So verliert man nichts bei des Leibes Untergang.
Das heißt: sich erbmäßig kleiden mit Ewigkeit.

Das Gegenteil von geschmeidig und zart ist „vergreist", und vergreist meint alt, starr, steif und dürr. So wie dürre Äste schnell brechen, ist auch einem unflexiblen Menschen keine Dauer beschieden. Das schildert unübertroffen Ode 76:

Der Mensch ist bei seiner Geburt biegsam und zart,
Bei seinem Tode steif und starr.
Die zehntausend Wesen, die Kräuter und Bäume
Sind bei ihrem Entstehen biegsam und saftig,
Bei ihrem Absterben trocken und dürr,
Darum:
Sind Krieger starr, so siegen sie nicht,
Sind Bäume erst starr, so opfert man sie.
Was starr und groß ist, geht abwärts,
Was biegsam und zart ist, geht aufwärts.

Wer glaubt, im Leben stark auftrumpfen zu müssen, wird vor der Zeit verbraucht sein und sogar sterben, bevor die normale Zeitspanne eines Menschenlebens abgelaufen ist. Deshalb betont Lao-tse am Schluss von Ode 42:

Die gewalttätigen Balkenstarken erlangen nicht ihren
eigenen Tod!
Ich will das zu einem Grundsatz meiner Lehre machen.

Von der Führerin des Alls heißt es im Kontrast dazu, dass sie stets „taufrisch" ist, und das ist letztlich dasselbe wie zart. Zartheit geht einher mit der Fähigkeit, sich beeindrucken zu lassen, nicht zu allererst selber zu handeln, sondern geschehen zu lassen, zu fördern, zu unterstützen. Wer sich an diesen Vorgaben orientiert „stützt das Sosein der zehntausend Wesen und wagt nicht einzugreifen" (Ode 64). Ode 41 betont:

> Die große Führerin verströmt sich, ach!
> Sie kann zur Linken und zur Rechten beistehen.
> Die zehntausend Wesen stützen sich auf sie,
> Um zu leben, und sie versagt sich ihnen nicht.
> Ist ihr Werk gestaltet, nennt sie es nicht Haben.
> Sie liebt und nährt die zehntausend Wesen
> Und spielt nicht ihren Herrn.
> Stets ist sie ohne Wunsch für sich,
> So sollte man sie nennen: unbedeutend!
> Aber die zehntausend Wesen kehren zu ihr ein
> Und wissen nicht um ihr Herrentum.
> So sollte man sie nennen: groß!
> Also auch der Berufene:
> Es kümmert ihn überhaupt nicht, sich selbst groß zu
> machen,
> Darum vermag er seine Größe zu vollenden.

Es gehört zu den im Letzten unerklärlichen Phänomenen des Lebens, das ausgerechnet das Zarte, das gern übersehen wird, weil es so unspektakulär daher kommt und kein Aufsehen erregt, „siegen" und das heißt nichts anderes als (über)dauern wird. Ein junger Baum, der sich mit dem Sturm biegen kann, wird nicht von ihm mitgerissen, einem alten verholzten knicken dagegen leicht die Äste oder er wird gleich ganz entwurzelt. Wer wenig Angriffsfläche bietet, kommt leichter durchs Leben. Ein Naturgesetz, das sich mühelos auch auf das menschliche Zusammenleben übertragen lässt. Diese Gesetzmäßigkeiten sollte sich der Mensch zunutze machen, wenn er lange und glücklich leben möchte. Auf der ganzen Welt ist zu beobachten, dass auf Dauer nicht das Harte und Unnachgiebige „obenauf" sein wird, sondern allein das Zarte und Wendige. Wer sich diese Beobachtung zu Herzen nimmt, fängt an, mit der Führerin des Alls übereinzustimmen.

Auch wenn es zunächst so aussehen mag, als würde das Schmiegsame und Anpassungsbereite dazu prädestiniert sein, im Kampf zu unterliegen, sollte man sich vom Augenschein nicht beirren lassen. Biegsam sein bedeutet im Grunde eine unglaubliche Stärke. Vom Wasser kann man sich belehren lassen, dass „Zart" am Ende „Hart" besiegen wird. Denn es gibt nichts Nachgiebigeres als Wasser, und doch kann Wasser sogar Felsen, den Inbegriff des Starren und Sturen, zerstören. „Steter Tropfen höhlt den Stein." Biegsam sein ist nicht gleichbedeutend mit schwächlich sein. Es ist nur eine andere Art von Strategie, die sich aus einer genauen Naturbeobachtung ergibt. So wird im Kriegsfall beispielsweise die wendigere Armee siegen, nicht die, die einem sturen Plan folgt. Nicht der Schwächere also gibt nach, sondern der spätere Sieger. Weil man davon ausgehen kann, dass dem Angriff des Zarten das Harte auf Dauer nicht gewachsen ist. Das ist die Urkraft des Zarten, mit dessen Doppeldeutigkeit Zerstörungskraft sehr wohl zu vereinbaren ist. Und die man deshalb keineswegs auf die leichte Schulter nehmen sollte. Ode 36 vermittelt uns einen Einblick davon, wie man Biegsamkeit bewusst strategisch und zu seinem Vorteil einsetzen kann, und das klingt ebenso paradox wie effektiv:

> Will man gerne an sich ziehen,
> Muss man zuerst sich öffnen.
> Will man gerne schwächen,
> Muss man zuerst stärken.
> Will man gerne beseitigen,
> Muss man zuerst erheben.

Will man gerne nehmen,
Muss man zuerst geben.
Das heißt Klarheit über das Unfassbare!
Biegsam besiegt Hart,
Schmiegsam besiegt Stark.

„Wenn gleich starke Armeen aufeinander stoßen, so siegt der Besinnlichere“ (von beiden Feinden), verrät uns Ode 69. Ein ungewöhnlicher Gedanke vielleicht, doch ganz und gar stimmig, wie Ode 78 zeigt:

In der Welt gibt es Schmiegsameres und Zarteres
Nicht als das Wasser.
Aber im Angreifen des Harten und Starren
Gibt es nichts, was es übertreffen könnte.
Es gibt nichts, wodurch es zu ersetzen wäre.
Darum: Biegsam besiegt Starr,
Zart besiegt Hart;
Jeder in der Welt weiß das,
Aber keiner kann danach handeln.
Daher hat ein Berufener gesagt:
„Wer den Staub des Landes auf sich nimmt,
Der ist der König des Reiches.“
Wahre Worte scheinen oft widersinnig.

Der Welt Schmiegsamstes
Überrennt der Welt Härtestes,
Das Nichtsein dringt ins Undurchdringliche ein.
Daraus erkennt man den Vorteil des Nichthandelns!
Des Nichtredens Lehre,
Des Nichthandelns Vorteil –
Wie wenige in der Welt erreichen das!
(Ode 43)

Dauer gewinnen kann paradoxerweise nur, wer seine Energie verschwendet. Verschwenderisch mit seiner Energie umgehen wird aber nur, wer nicht dauernd an sich selbst denkt bzw. damit befasst ist, wie er sich selbst groß und wichtig machen könnte. So wie auch Himmel und Erde nicht für sich selbst leben, sondern sich „selbstlos" den zehntausend Wesen zur Verfügung stellen. Und gäbe es etwas Langlebigeres als Himmel und Erde?!

(Also der Berufene) [d. h. jeder Mensch, der diese Zeilen liest]:
Sich verschwendend bewahrt er sich.
Ist es nicht, weil er selbstlos ist?
Eben darum vermag er sein Selbst zu vollenden.
(Ode 7)

Wer zur Führerin oder zum Führer der Menschen werden will, sollte Ströme und Seen beobachten und von ihnen lernen, wie man viele verstreute kleine Interessen zu einem großen Ganzen vereint:

Warum Ströme und Seen die Beherrscher
Der hundert Rinnsale zu sein vermögen,
Das ist, weil sie sich trefflich unterhalb ihrer halten.
Nur darum können sie die Beherrscher
Der hundert Rinnsale sein!
Also auch der Berufene:
Wünschend, über dem Volke zu stehen,
Muss er sich in seinen Worten unter es stellen;
Wünschend, dem Volke voran zu stehen,
Muss er mit seiner Person zurücktreten.
Also bleibt der Berufene in der Höhe,
Aber das Volk fühlt sich nicht beschwert;
Er bleibt vorne stehen,
Und das Volk fühlt sich nicht verletzt.

Darum stellt man ihn im Reich gern hoch
Und setzt ihn nicht herab. (Ode 66)

Im alten China betrachtete man nicht diejenigen als die geeignetsten Führungskräfte, die am besten ihre eigenen Vorstellungen durchdrücken konnten. Die idealen Herrscher waren vielmehr die, die sich empfänglich hielten für die Stimmen aus dem Volk. Herrschen hieß danach zunächst: dem Willen anderer zu Diensten sein. Weil man dann zufriedene „Untertanen" haben würde, wenn man ihnen nicht einfach „von oben" etwas aufzwang, das sie gar nicht haben wollten und dem sie deshalb auch nur widerwillig folgen würden. Am besten herrscht also, wer von sanftem Gemüt ist und Rat von kompetenten Leuten anzunehmen versteht. Milde in der Handlungsweise, verbunden mit Stärke des Entschlusses, bringt Segen.

## Farblos und unscheinbar wie Wasser: Seid wie Rohholz!

Die Chinesen bevorzugten in ihren philosophischen Texten Ausdrücke, die sinnlich Fassbares vermitteln konnten. So wird von der Führerin des Alls oder von den trefflichen Meistern der Vorzeit immer wieder betont, dass sie „wie Rohholz" waren. Sein wie Rohholz ist neben Zartheit die Haupteigenschaft von „Tao". Was aber können wir uns darunter vorstellen?

Bei Musik oder Leckereien
Hält der vorüberziehende Fremdling an.
Ist aber die Rede von der Führerin des Alls, so heißt es:
Wie fade! Das ist ja geschmacklos!" (Ode 35)

Man schaut nach ihr und sieht sie nicht:
Darum wird sie farblos genannt.
Man lauscht auf sie und hört sie nicht:
Darum wird sie tonlos genannt.

Man tastet nach ihr und fasst sie nicht:
Darum wird sie gestaltlos genannt. (Ode 14)

Was hier beschrieben wird, diese durch und durch mangelnde Attraktivität eines Phänomens, das so selbstverständlich ist, dass es schon gar nicht mehr wahrgenommen wird, könnte auch direkt vom Wasser ausgesagt sein. Normalerweise, d.h. wenn wir nicht gerade in einer Wüste leben, machen wir uns über Wasser keine Gedanken. Sicher, wir könnten ohne Wasser nicht leben, und dennoch nehmen wir es als etwas selbstverständlich Gegebenes hin, das uns erst auffällt, wenn es fehlt oder so verseucht ist, dass es einen üblen Bei- oder Nachgeschmack hat. Im Unterschied zu Getreide oder Reis, die wir erst anbauen müssen, kostet uns die Gewinnung von Wasser weit weniger Mühe. In gesegneten Landstrichen gar quillt es einfach aus der Erde hervor. Wir müssen es nur noch schöpfen. Es ist eher Gabe als Aufgabe. Wenn es fehlt, können wir es allerdings auch nicht herstellen. Obwohl wir es kaum wahrnehmen, wenn es da ist, entscheidet sein Vorhandensein über unser Leben und Sterben. Und ob wir es wahrhaben wollen oder nicht: Wir sind vollkommen abhängig von etwas, das uns eigentlich gar nicht so wichtig erscheint.

Und genau so schlicht und unscheinbar ist auch „Rohholz". Wobei wir uns vergegenwärtigen müssen, dass die Chinesen bei Holz nicht unbedingt an das Endprodukt in Form von Balken, Brettern oder auch nur kräftigen Baumstämmen dachten. Holz fängt klein und bescheiden an: als frischer grüner Baumschößling etwa. Darum ist es in China bis heute Symbol für Kreativität. So ist auch das Rohholzhafte direkt verbunden mit Bildern von einem leeren Tal, einem Strombett, einem Quelltal, schmelzendem Eis und Schlammwasser; mit der Vorstellung von Kindsein, Einfachheit, natürlichem Gleichgewicht (von Yin und Yang), mit Stille und Nichtbegehren und Leersein.

Die Führerin, weil ewig, hat keinen Namen.
Rohholzhaft ist sie, und ob auch unscheinbar,
So wagt doch keiner in der Welt, sie zu bedrücken.
Wenn Fürsten und Könige fähig wären, sie zu bewahren,
So würden die zehntausend Wesen ihnen von selbst huldigen.
Himmelsgott und Erdgöttin würden sich vereinigen,
Um den süßen Tau herabzusenden,
Und die Menschen kämen auf niemandes Befehl von selbst ins Gleichgewicht. –
(Ode 32)

Kennen seine Mannheit,
Wahren seine Weibheit,
Wird man zum Strombett der Welt.
Ist man das Strombett der Welt,
So wird man von der ewigen Kraft nicht verlassen
Und kehrt wieder ein zum Kindsein.
...
Kennen seinen Glanz,
Wahren seine Schmach,
Wird man zum Quelltal der Welt.
Ist man das Quelltal der Welt,
So hat man an der ewigen Kraft genüge
Und kehrt wieder ein zum Rohholzsein.
(Ode 28)

Der Vorzeit Treffliche, geworden zu Meistern,
Waren fein, geheimnisvoll, dunkel, eindringend,
Tief, nicht auszuloten.
Vorsichtig waren sie, wie wer im Winter den Strom durchwatet,
Zergehend wie Eis, das schmelzen will,
Schlicht waren sie wie Rohholz,
Leer wie das Tal,

Trüb wie Schlammwasser. –
Wer vermag das Schlammwasser zu klären,
So dass es allmählich rein wird?
Wer vermag den Bodensatz aufzurühren,
So dass er langsam lebendig wird?
Wer die Führerin des Alls hegt, begehrt nicht Fülle.
Eben weil er nicht gefüllt ist,
Darum vermag er der Verschlissenheit Gewand zu tragen
Und erneuerungslos vollkommen zu sein.
(Ode 15)

Zeigt Einfachheit,
Seid wie Rohholz,
Mindert die Selbstsucht,
Verringert die Wünsche!
(Ode 19)

Was Rohholzhaft bedeutet, wird noch einmal an seinem Gegenteil klar: Wenn man erst aus dem Fluss des Lebens herausgefallen ist und dadurch seine Orientierung in der Welt verloren hat, dann macht man „großes Getue“ um so etwas wie Pflichtbewusstsein, Gerechtigkeit, Wissen und eine Form von Moral, die nach einem Sittenkodex als Ordnungshilfe „schreit“. Das alles ist allerdings bereits der Anfang vom Ende, wie man so schön sagt, denn es zeigt letztlich nur, dass die Menschen ihr Gleichgewicht und damit die Führerin des Alls verloren haben. Ode 38 klingt wie ein Nachruf auf das Goldene Zeitalter, in dem alle von selber wussten, was sinnvoll zu tun ist und was nicht, und sich im Einklang befanden mit Tun und Lassen von „Tao“. Der Verfall setzt spätestens dann ein, wenn man aus Gerechtigkeit handelt und ist nicht mehr zu bremsen, wenn man erst einen Sittenkodex braucht, um gut von böse, richtig von falsch unterscheiden zu können. Denn wenn man erst meint, auf der gerechten Seite zu stehen, dann ist Gewalt(anwendung) die natürliche Folge. Gewalt aber ist mit Rohholzhaftigkeit und Zartheit endgültig nicht mehr zu vereinbaren, weshalb ein Katalog von Geboten (nach denen man sich richten soll, um das angeblich Richtige zu tun) die schon begonnene Verwirrung nur noch vergrößert. Das Befolgen von Vorschriften macht eher starr und unflexibel; es führt lediglich dazu, dass man leichter von außen lenkbar wird. Dadurch aber verliert man den Kontakt zu „Tao", das Vertrauen in die Urkraft als Energiestrom, dem wir uns überlassen könnten wie ein Fisch, der im Meer schwimmt.

> Ist man von der großen Führerin abgefallen,
> So gibt es Menschlichkeit und Pflicht,
> Wissen und Einsicht kommen hervor,
> Und es gibt großes Getue. (Ode 18)

> Wer die Urkraft hochhält, weiß nichts von Urkraft,
> Darum ist er urkräftig.
> Wer die Urkraft niedrig schätzt, verfehlt nicht,
> urkräftig zu sein,
> Darum ist er ohne Urkraft.
> Wer die Urkraft hochhält, ist ohne Handeln,
> Und es ist ihm nicht ums Handeln,
> Wer die Menschlichkeit hochhält, handelt,
> Aber es ist ihm nicht ums Handeln.
> Wer die Gerechtigkeit hochhält, handelt,
> Und es ist ihm ums Handeln.
> Wer den Sittenkodex hochhält, handelt,
> Und wenn dem niemand entpricht,
> Dann entblößt er die Arme
> Und geht zur Gewalt über!
> Darum:
> Verliert man die Führerin des Alls,
> Dann danach die Urkraft.
> Verliert man die Urkraft,
> Dann danach die Menschlichkeit.

Verliert man die Menschlichkeit,
Dann danach die Gerechtigkeit.
Verliert man die Gerechtigkeit,
Dann danach die Sitten. –
Was nun den Sittenkodex anlangt,
So ist er ein dürftiges Etwas von Treu und Glauben
Und der Verwirrung Anfang. (Ode 38)

Übereinstimmen mit „Tao" ist demgegenüber wie ein Aufgehen in lebendigem Wasser. Es bedeutet, dass man selbst zum Quelltal wird, das von und aus Güte lebt.

„Die Quelle lebt von ihrer Güte", weil sie nichts festhält, sondern „selbstlos" weitergibt, was sie durchströmt. „Macher zerstört, Bemächtiger verliert", was Lao-tse in Ode 29 als allgemeine Regel formuliert, lässt sich ohne weiteres auf den Umgang mit Wasser überhaupt übertragen: Wasser lässt sich nicht bezwingen, und machen können wir es erst recht nicht. Von allen Elementen ist Wasser das Einzige, was wir auf keine Weise selbst herstellen können. Wohl können wir es (etwa durch planloses Abholzen der Wälder) zum Verschwinden bringen, doch für Ersatz sorgen können wir nicht. Wo Quellen versiegen, der Grundwasserpegel zu tief sinkt, da ist Tod die Folge.

Überschäumend, überbordend hervorsprudelnd sind dagegen Bilder, die wir vor allem mit dem Gefühl der Freude verbinden. Freude will mit anderen geteilt sein. Das letztlich ist der Sinn des „Verströmens".

## Die weiße Schale mit dem Trank der Unsterblichkeit: Schöpfer-Mond

In China wurde Wasser in Verbindung gesehen mit dem Mond, von dem man sich vorstellte, dass er nachts den Tau hervorbringt. Und genau wie das Wasser ist auch der Mond ein Sinnbild ständiger Erneuerung: Stets nimmt er ab und zu, wird, nachdem er Fülle erreicht hat, wieder leer, um neu das Licht der Sonne aufzunehmen und es (so die alte chinesische Vorstellung) an die Sterne auszugießen. Gerade weil er weggibt und verteilt, was ihn anfüllt, nämlich das Licht, wird er ständig neu gefüllt. So wird er zum sichtbaren Spiegelbild von „Tao“: Behalten und nicht Wert darauf legen, das genau ist auch die Wirkweise des Mondes. Auch sein Sein entspringt dem Nichtsein: Nachdem er – als Dunkelmond – drei Tage nicht am Himmel sichtbar war, füllt er sich wieder neu mit Licht und Leben. Indem er sein Licht an den Himmel ausgießt, wird er wieder frisch und leer, und das geht „ewig“ so weiter. So ist er ein perfektes Gefäß im Sinne Lao-tses: auch seine Wirksamkeit beruht auf dem Nichts, auf der Leere, die ihn empfänglich macht für Neues. Indem er nicht selber scheint, sondern sein Licht einer anderen Quelle verdankt, wird er beständig erleuchtet. „Sich Zeigender leuchtet nicht“, heißt es deshalb in Ode 24 des „Tao-te-king“, will sagen: „wer selber scheinen will, wird nicht erleuchtet“. So wird der Mond zum direkten „Anschauungsmaterial“ der Wirkweise von „Tao“ in der Welt. Kein Wunder, dass man sich vorstellte, mitten im „ewigen“ Mond werde auch das Unsterblichkeitselixier gebraut: Von einem weißen Hasen wird es in einem Mörser aus weißem Marmor zubereitet. Was wiederum auf die schöpferische Seite des Mondes als Gefäß hinweist.

So bewahrheitet sich, was Lao-tse am Ende von Ode 16 verspricht:

> Der Himmel führt zur Führerin des Alls,
> Die Führerin führt in die Ewigkeit,
> Selbst beim Untergang des Leibes ist man dann nicht
> gefährdet

Von der Mondsymbolik her erschließt sich auch Ode 25:

> Es gibt ein Wesen, aus dem Unfassbaren gebildet,
> Vor Himmelsgott und Erdgöttin lebend,
> So still! So leer!
> Allein steht es und ändert sich nicht,
> Den Kreis rings schreitet es ab und läuft nicht Gefahr.
> Man kann es ansehen als die Mutter der Welt.
> Ich weiß nicht ihren Namen,
> Sie bezeichnend, sage ich: DAU, die Führerin des Alls.
> Bemüht, ihr einen Namen zu schaffen, sage ich: DA,
> die Große.
> Groß nenne ich das Entschwindende,
> Das Entschwindende nenne ich das Ferne,
> Das Ferne nenne ich das Wiederkehrende.
> Darum: …
> Des Menschen Richtmaß ist die Erde,
> Der Erde Richtmaß ist der Himmel,
> Des Himmels Richtmaß ist die Führerin des Alls,
> Der Führerin Richtmaß ist ihre eigene Natur.

## Mit sich und der Welt in Fluss: Die Geschichte vom Regenmacher

Was passiert und welche Auswirkungen es haben kann, wenn ein Mensch wirklich im „Tao", mit sich und der Welt in Fluss, ist, davon vermittelt uns Richard Wilhelm, der als erster den Text des chinesischen „Buchs der Wandlungen" (schon 1923) ins Deutsche übersetzte, einen lebhaften Eindruck:

> In dem Teil Chinas, wo Wilhelm lebte, herrschte damals eine schreckliche Dürre. Als schließlich gar nichts mehr half, entschloss man sich, nach einem Regenmacher zu schicken, was den christlichen Missionar (der Wilhelm ja

ursprünglich war) natürlich brennend interessierte. Der Regenmacher, ein kleiner verhutzelter alter Mann, reiste in einem gedeckten Wagen an. Als er ausstieg, schnüffelte er die Luft mit offensichtlichem Abscheu und bat alsbald darum, in einer kleinen Hütte außerhalb des Dorfes allein gelassen zu werden. Selbst sein Essen sollte man ihm draußen vor die Tür stellen.

Drei Tage lang sah und hörte man nichts von ihm. Dann fing es nicht nur an zu regnen, sondern es gab noch zusätzlich starken Schneefall, der um diese Jahreszeit ganz unbekannt war. Nun war Wilhelms Neugierde erst recht geweckt, und er erkundigte sich bei dem Regenmacher, wie er es denn fertig gebracht hätte, Regen und sogar Schnee herbeizuzaubern. Der Regenmacher bestritt jedoch, auch nur im Geringsten für den Schnee verantwortlich zu sein. Wilhelm bestand darauf, dass eine furchtbare Dürre geherrscht hatte und dann, nach drei Tagen, plötzlich sogar ungewöhnlich große Mengen Schnee gefallen seien. Da erwiderte der alte Mann: „Oh, das kann ich selbstverständlich erklären. Sehen sie, ich komme von einem Ort, wo die Menschen in Ordnung sind; sie sind im Dau, deshalb ist das Wetter bei ihnen auch in Ordnung. Als ich hierher kam, durchschaute ich sofort, dass die Leute verwirrt waren und mich mit ihrer Unordnung ansteckten. So blieb ich allein, bis ich wieder im Dau war. Und dann schneite es natürlich.

Wie alles im Leben kann allerdings auch das Verströmen, das im Fluss sein mit den Lebensenergien, eine Kehrseite entwickeln. „Wer mit dem Strom schwimmt, kommt nicht an die Quelle. Mit dem Strom schwimmt nur der Abfall." Auch das ist ein bedenkenswerter Satz, den ich bei Maria Nurowska (in ihrem Roman „Der russische Geliebte") fand. Vielleicht eine eher „westliche" Antwort auf die brennenden Fragen des Lebens. Wer mit dem Strom schwimmt, kann natürlich auch zum

„Mitläufer“ werden. Man muss schon den Mut finden, bisweilen gegen die Strömung zu schwimmen, wenn man zu seiner eigenen Wahrheit finden möchte. Nur kann man dies nicht allzu lange aushalten, denn es kostet unglaublich viel mehr Energie, als sich vom Fluss des Lebens tragen zu lassen.

Der Fluss des Lebens jedoch kann uns nicht zeigen, wie man zur Quelle zurückfindet. Er selbst entfernt sich mit jedem Tropfen weiter von ihr und kehrt nie mehr an seinen Ursprung zurück.

„Die Quelle lebt von ihrer Güte“ heißt also auch: Die Quelle schickt den Fluss ins Leben. Sie gibt von dem, was sie hat. Ihr liegt nicht daran, dass der Fluss zu ihr zurückkehrt. Wenn der Fluss schließlich ins Meer mündet, führt er wesentlich mehr Wasser mit sich als zu Beginn seines Lebens. Die Quelle, der er entsprang, war sozusagen nur sein „Startkapital“, das er treu bis zur Mündung mit sich führt. Im Grunde nimmt er damit seine Quelle mit. Er kann sie nicht verlieren, denn er lebt ja aus ihr, und sie verströmt sich in ihm. Er bringt sie sogar ans Licht, denn nur durch ihn gelangt „in Fluss“, was ursprünglich in der Tiefe der Quelle verborgen war.

Es ist also möglich, die Quelle in sich zu tragen, nicht zuletzt dadurch, dass man selbst zu einer Quelle wird, die sich – wie Quellen das so an sich haben – beständig erneuert und trotzdem sich selbst treu bleibt.

# 8

## „Es macht die Wüste schön, dass sie irgendwo einen Brunnen birgt“

### Ausklang

Mit dem Zitat aus Exupérys weltberühmtem Märchen „Der kleine Prinz“ kehren wir zum Anfang unseres Buches zurück: Die Suche nach der Essenz, aus der wir leben können, wird immer wieder durch eine Art von Wüste führen, weil sie verbunden sein kann mit dem Gefühl, auf dem Trockenen zu sitzen und keinen Ausweg mehr zu wissen. Andererseits kann sie aber auch dazu führen, dass wir neue Wege einschlagen, immer wieder zur „Quelle“, den eigenen Ressourcen, zurückfinden und „schöpferisch“ werden. Auch das ist Thema des folgenden Textes, der sich bei Exupéry an das Zitat anschließt:

„Der Brunnen, den wir erreicht hatten, glich nicht den Brunnen der Sahara. Die Brunnen der Sahara sind einfache, in den Sand gegrabene Löcher. Dieser da glich einem Dorfbrunnen. Aber es war keinerlei Dorf da, und ich glaubte zu träumen.

„Das ist merkwürdig“, sagte ich zum kleinen Prinzen, „alles ist bereit: die Winde, der Kübel und das Seil ...“

Er lachte, berührte das Seil, ließ die Rolle spielen. Und die Rolle knarrte wie ein altes Windrad, wenn der Wind lange geschlafen hat.

„Du hörst“, sagte der kleine Prinz, „wir wecken diesen Brunnen auf, und er singt ...“

Ich wollte nicht, dass er sich abmühte:

„Lass mich das machen“, sagte ich zu ihm, „das ist zu schwer für dich.“

Langsam hob ich den Kübel bis zum Brunnenrand. Ich stellte ihn dort schön aufrecht. In meinen Ohren war noch immer der Gesang der Zugwinde, und im Wasser, das noch zitterte, sah ich die Sonne zittern.

„Ich habe Durst nach diesem Wasser", sagte der kleine Prinz, „gib mir zu trinken ..."

Und ich verstand, was er gesucht hatte.

Ich hob den Kübel an seine Lippen. Er trank mit geschlossenen Augen. Das war süß wie ein Fest. Dieses Wasser war etwas ganz anderes als ein Trunk. Es war entsprungen aus dem Marsch unter den Sternen, aus dem Gesang der Rolle, aus der Mühe meiner Arme. Es war gut fürs Herz, wie ein Geschenk.

„Die Menschen bei dir zu Hause", sagte der kleine Prinz, „züchten fünftausend Rosen in ein und demselben Garten ... und doch finden sie dort nicht, was sie suchen ..."

„Sie finden es nicht", antwortete ich.

„Und dabei kann man das, was sie suchen, in einer einzigen Rose oder ein bisschen Wasser finden ..."

„Ganz gewiss", antwortete ich.

Und der kleine Prinz fügte hinzu:

Aber die Augen sind blind. Man muss mit dem Herzen suchen."

„Es macht die Wüste schön, dass sie irgendwo einen Brunnen birgt."

Der Satz könnte auch umgekehrt lauten und wäre dann nicht minder wahr: Es macht den Brunnen schön, wenn er eine Wüste um sich hat. Brunnen und Wüste bedingen sich gegenseitig. Der Brunnen, scheint es, ist der Sinn der Wüste. Ohne Brunnen wäre die Wüste nicht Wüste. Sie lebt geradezu in der Hoffnung auf Wasser. „Im Anfang" war die Erde wüst und leer, aber nicht ohne Wassertiefe. Nach dem „Tao-te-king" wäre dies die Situation des Schöpferischen par excellence. Und auch in der Bibel erwächst aus dieser Urszene das ganze göttliche Schöpfungswerk.

Auf der anderen Seite erscheint erst vom Brunnen her die umliegende Welt als Wüste. Wenn wir die Quelle aufgespürt haben, die uns leben lässt (und die kann für verschiedene Menschen verschieden aussehen), merken wir erst, in welcher Wüste wir uns bis dahin befunden haben. Aber auch, was für einen Durst wir hatten! Denn auch das gehört zur Wüstenerfahrung: dass man lange Zeit glauben kann, überhaupt nicht trinken zu müssen. Erst von der Quelle her wird uns so richtig bewusst, was wir bisher entbehren mussten. Darum könnte man in Abwandlung eines Spruchs von Lao-tse sagen: Hat man seinen Brunnen gefunden, so erkennt man daran seinen Durst.

Das Wort „birgt" verrät uns, dass die Suche in jedem Fall nicht ganz einfach sein wird. Nicht genug damit, dass wir uns in der Wüste befinden. Das, was wir darin als unser Leben suchen, ist unseren Augen zunächst verborgen. Aber es ist ja auch unser Herz, das sich nach der Erfahrung von Tiefe sehnt. Und das Herz hat bekanntlich seine eigene Wahrnehmung.

„Was ich da sehe, ist nur eine Hülle. Das Eigentliche ist unsichtbar", sinniert der Ich-Erzähler mit Blick auf den schmächtigen Leib des „kleinen Prinzen". „Hül" meint vom Wortursprung her übrigens nichts anderes als Quelle und hängt zusammen mit heilen und heilig. Hülle birgt (Heil-)Quelle, ja ist recht eigentlich identisch mit ihr. Die Hülle ist gar nicht „nur" etwas Äußerliches, sie ist genauso Quelle wie das, was sie angeblich innen verbirgt. So wären wir denn alle lebendige Quellen – und wüssten es bloß nicht?! Dann wird es Zeit, dass wir in die Tiefe gehen – oder in den Spiegel schauen!

# Literaturverzeichnis


Berendt, Joachim-Ernst, *Nada Brahma. Die Welt ist Klang*, Frankfurt 1996

Diederichs, Ulf, Hg., *Germanische Götterlehre. Mit mythologischem Wörterbuch*, Köln 1984

Erdrich, Louise, *Ein Jahr mit sieben Wintern*, Aarau 2001

Findeisen, Hans/Gehrts Heino, *Die Schamanen. Jagdhelfer und Ratgeber, Seelenfahrer, Künder und Heiler*, Köln 1983

Früh, Sigrid, *Märchen von Hexen und weisen Frauen*, 1988

Giebel, Marion, *Das Orakel von Delphi. Geschichte und Texte*, Stuttgart 2001

Hannah, Barbara, *Begegnungen mit der Seele. Aktive Imagination ...*, München 1985

Johnston, Basil, *Und Manitu erschuf die Welt. Mythen und Visionen der Ojibwa*, München 1994

Kinsley, David, *Indische Göttinnen*, Frankfurt 1990

Koch, Walter A., *Der Sagenkranz um die Sibylle von der Teck*, Stuttgart, 1981

Lao-tse, *Führung und Kraft aus der Ewigkeit. Das „Tao-te-king" in der Übertragung von Erwin Rousselle*, Frankfurt 1985

Meier, C. A., *Der Traum als Medizin. Antike Inkubation und moderne Psychotherapie*, Zürich 1985

Narby, Jeremy, *Die kosmische Schlange. Auf den Pfaden der Schamanen zu den Ursprüngen modernen Wissens*, Stuttgart 2001

Ovid(ius), P. Naso, *Metamorphosen*, übers. v. Michael v. Albrecht, München 1981

Paetow, Karl, *Frau Holle. Volksmärchen und Sagen*, Husum 1986

Rodik, Belinda, *Der Tarotkurs für Einsteiger*, München 2001

Saint-Exupéry, Antoine de, *Der kleine Prinz*, Düsseldorf 1982

Wägner, Wilhelm, *Nordisch-germanische Götter und Helden*, Leipzig 1886
Wolzogen, Hans von, *Göttersagen der Edda*, Leipzig 1929
Zimmer, Heinrich, *Maya. Der indische Mythos*, Frankfurt 1978
Zingsem, Vera, *Göttinnen großer Kulturen*, München 1999
Dies.: „Sie konnten fliegen. Von Schwanfrauen, Walküren u. Wahrsagerinnen." In: *Schlangenbrut* 15/Nr. 57, Münster 1997
Dies.: *Schlangenfrau und Chaosdrache* (zusammen mit Barbara Stamer), Stuttgart 2001

## Symbole und Sinnbilder
## Neue Perspektiven

Barbara Frei
**Schwerelos wie die Feder**
oder die Leichtigkeit des Seins
Band 5181
Weisheitliche Geschichten, luftige Inspirationen lassen heitere Gelassenheit und tiefere Freiheit entdecken.

Ulrich Schaffer
**Verwurzelt wie ein Baum**
oder Wachsen ins Leben
Band 5184
Ulrich Schaffer geht der Symbolkraft des Baumes nach: Poesie und Inspiration, die einlädt, in unsere einmalige Gestalt hineinzuwachsen.

Irmtraud Tarr
**Fest wie ein Stein**
oder sich selbst treu sein
Band 5185
In einer immer wandlungsfähigeren Welt vermittelt der Stein als Symbol Beständigkeit und ermutigt zu authentischem Leben.

Uwe Wolff
**Geheimnisvoll wie die Muschel**
oder Staunen über den inneren Reichtum
Band 5183
Muscheln lassen uns das Geheimnis der Mitte und des inneren Reichtums spüren. Sie lehren ein neues Sehen und Staunen.